O Processo Especial
de Revitalização
na Jurisprudência

O Processo Especial de Revitalização na Jurisprudência

QUESTÕES JURISPRUDENCIAIS COM RELEVO DOGMÁTICO

2017 · 2ª Edição

Catarina Serra

O PROCESSO ESPECIAL DE REVITALIZAÇÃO NA JURISPRUDÊNCIA
AUTOR
Catarina Serra
1ª Edição: Fevereiro 2016
EDITOR
EDIÇÕES ALMEDINA, S.A.
Rua Fernandes Tomás, nºs 76, 78 e 80
3000-167 Coimbra
Tel.: 239 851 904 · Fax: 239 851 901
www.almedina.net · editora@almedina.net
DESIGN DE CAPA
FBA.
PRÉ-IMPRESSÃO
EDIÇÕES ALMEDINA, S.A.
IMPRESSÃO E ACABAMENTO
PENTAEDRO, LDA.

Março, 2017
DEPÓSITO LEGAL
422653/17

Os dados e as opiniões inseridos na presente publicação são da exclusiva responsabilidade do(s) seu(s) autor(es).
Toda a reprodução desta obra, por fotocópia ou outro qualquer processo, sem prévia autorização escrita do Editor, é ilícita e passível de procedimento judicial contra o infrator.

Biblioteca Nacional de Portugal – Catalogação na Publicação

SERRA, Catarina

O Processo Especial de Revitalização
na jurisprudência : questões jurisprudenciais
com relevo dogmático. – 2ª ed. - (Monografias)
ISBN 978-972-40-6934-0

CDU   347

Aos meus Pais
À minha Tia

Ao Nuno
– e também pela inspiração

NOTA À 1ª EDIÇÃO

Este trabalho é o resultado do processo de recolha de questões jurisprudenciais acerca do processo especial de revitalização, desenvolvido ao longo dos últimos três anos, e que deu origem ao livro *O Processo Especial de Revitalização – Colectânea de Jurisprudência*.

A ideia de partilhar o trabalho foi-se fixando até ele se transformar em algo mais ambicioso: um livro que enunciasse de forma sistemática os problemas centrais abordados na jurisprudência (que por esse motivo aparecem aqui sob a forma de perguntas) e apresentasse algumas soluções.

Como facilmente se conclui face às divergências existentes na jurisprudência e na doutrina portuguesas, o processo especial de revitalização necessita urgentemente de um enquadramento teórico / dogmático para ser um instrumento (mais) eficaz.

Espera-se que este livro possa constituir um esforço neste sentido – uma tentativa de pôr a dogmática ao serviço da prática.

A intenção é particularmente visível no capítulo reservado à qualificação e à caracterização do processo especial de revitalização. Nos capítulos destinados ao tratamento das várias questões, é dado um lugar de relevo à jurisprudência. Por isso são sempre indicados os acórdãos mais relevantes, reservando-se, em geral, as notas de rodapé para as referências doutrinais. Contemplou-se, de qualquer modo, e sempre que foi adequado, a abrir o tratamento de cada questão, a principal bibliografia "inspiradora".

Por fim, o livro contém uma lista actualizada da já profusa bibliografia portuguesa sobre a matéria. Elencam-se todas as obras gerais, todas as monografias, todos os artigos e todos os demais textos com relevância directa para o seu estudo.

14 de Janeiro de 2016

NOTA À 2ª EDIÇÃO

Esgotada há largos meses a 1ª edição deste livro, só agora foi oportuna a sua reedição.

Os constrangimentos impostos pela editora – no sentido de que não se aumentasse de forma sensível o número de páginas da obra – obrigaram a uma revisão tendencialmente cirúrgica, dissuadindo qualquer tentativa para levar a cabo uma revisão mais extensa e mais profunda.

Os objectivos centrais foram, por isso, os de incluir a mais importante jurisprudência entretanto conhecida, actualizar a lista de referências bibliográficas e, em função dos novos elementos, reformular o tratamento de algumas questões.

Enriqueceu-se, assim, o elenco de decisões – sobretudo do Supremo Tribunal de Justiça mas não só – relevantes para muitas das matérias, fazendo-se acompanhar as novas referências, sempre que adequado, de um breve comentário.

Reformulou-se o tratamento, entre outras, das questões do direito analogicamente aplicável ao PER e do direito subsidiário do PER, da admissibilidade de PER de pessoas singulares não titulares de empresas e dos efeitos do incumprimento do plano de recuperação relativamente aos créditos modificados.

A verdade é que já se justificava um tratamento autónomo e completo do tema da recuperação de empresas, compreendendo não só o PER mas também o SIREVE e ainda o plano de insolvência.

Existia – existe – a vontade de dar a lume os resultados de um estudo sistemático recentemente desenvolvido sobre a matéria.

O projecto terá, porém, de ficar para outra ocasião – que se espera seja próxima.

20 de Janeiro de 2017

PRINCIPAIS ABREVIATURAS UTILIZADAS

Ac.	Acórdão
al. / als.	alínea / alíneas
art. / arts.	artigo / artigos
CC	Código Civil
cfr.	confrontar
CIRE	Código da Insolvência e da Recuperação de Empresas
cit.	citado
coord.	coordenador(a)
CRP	Constituição da República Portuguesa
CPC	Código de Processo Civil
CPEREF	Código dos Processos Especiais de Recuperação da Empresa e de Falência
CSC	Código das Sociedades Comerciais
DL	Decreto-lei
IAPMEI	Instituto de Apoio às Pequenas e Médias Empresas
n.º / n.ºs	número / números
p. / pp.	página / páginas
PER	Processo Especial de Revitalização
PME	Pequenas e Médias Empresas
Proc.	Processo
SIREVE	Sistema de Recuperação de Empresas por Via Extrajudicial
s.	seguinte(s)
STJ	Supremo Tribunal de Justiça
TC	Tribunal Constitucional

TRC	Tribunal da Relação de Coimbra
TRE	Tribunal da Relação de Évora
TRG	Tribunal da Relação de Guimarães
TRL	Tribunal da Relação de Lisboa
TRP	Tribunal da Relação do Porto

I. Qualificação jurídica e caracterização processual do processo especial de revitalização

Apesar de poder soar a muitos como inútil, sobretudo quando o tema a tratar é o processo especial de revitalização (PER), é imprescindível um esforço de enquadramento dogmático.

A disciplina do PER é literalmente um "poço sem fundo" de dúvidas, que só podem ser definitiva e convincentemente esclarecidas se houver um conjunto de preocupações teleológicas e sistemáticas, que, numa maneira de falar, "iluminem" o caminho.

A propósito, cabe reiterar a convicção de que é necessária e adequada uma leitura integrada do instituto. Como se disse há algum tempo, "[s]e for, de facto, possível identificar um conjunto de valores fundamentais constitutivos da recuperação – de princípios gerais – tornar-se-á possível integrar as lacunas com recurso a uma argumentação a partir do sistema"[1].

---

[1] Cfr. CATARINA SERRA, "Entre o princípio e os princípios da recuperação de empresas (um *work in progress*)", in: CATARINA SERRA (coord.), *II Congresso de Direito da Insolvência*, Coimbra, Almedina, 2014, p. 76.

1. O processo especial de revitalização como processo híbrido (breve enquadramento)

Bibliografia

CATARINA SERRA,
- "Sobre a projectada reforma da lei da insolvência", in: AAVV., *I Jornadas de Direito Processual Civil "Olhares Transmontanos"*, Valpaços, Câmara Municipal de Valpaços, 2012, pp. 193 e s.
- "Emendas à (lei da insolvência) portuguesa – Primeiras impressões", in: *Direito das Sociedades em Revista*, 2012, n.º 7, pp. 97 e s.
- "A contratualização da insolvência: *hybrid procedures* e *pre-packs* (A insolvência entre a lei e a autonomia privada)", in: *II Congresso – Direito das Sociedades em Revista*, Coimbra, Almedina, 2012, pp. 265 e s.

1.1. Os *contractual workouts*

Há muito tempo atrás, o processo de falência era (só) um processo de liquidação patrimonial aplicado aos devedores em situação de impossibilidade de cumprir as suas obrigações, que era regulado, do princípio ao fim, pelo Direito.

Ao longo do tempo, as coisas foram gradualmente mudando. A certa altura, percebeu-se que a solução para a crise das empresas passava, preferencialmente, pelo esforço da sua recuperação e que a via ideal para realizar esta recuperação era tentar negociá-la[2]. O contrato surgiu, então, como a base comum de vários novos instrumentos e mesmo dos velhos processos.

Integram-se nos novos instrumentos, por um lado, os *informal workouts,* inspirados na chamada *"London Approach"*, e, por outro, os *out-of-court procedures,* que consistem na resolução da situação por via extrajudicial, embora, por vezes, envolvam a participação de uma entidade que funcione como mediador ou árbitro.

1.2. Os *hybrid proceedings*

Mais recentemente, porém, as transformações ocorridas no mercado do crédito vieram mostrar as insuficiências da via contratual e tornar necessários alguns apuramentos.

---

[2] A delimitação à crise das empresas é deliberada mas determinada apenas pelo tipo de destinatários mais previsíveis deste texto, não devendo retirar-se daqui nenhuma consequência geral para efeitos do âmbito de aplicação dos instrumentos de recuperação.

Com efeito, se, de início, as empresas europeias tendiam a concentrar o seu financiamento em meia dúzia de bancos e os consensos eram fáceis e rápidos (uma vez que dentro de um grupo pouco participado e pouco diversificado os problemas de coordenação são susceptíveis de resolução rápida), hoje os credores são tendencialmente mais numerosos e têm interesses económicos heterogéneos, logo, os obstáculos ao consenso são muitos e difíceis de ultrapassar.

Os *hybrid proceedings* (processos híbridos) nasceram justamente da necessidade de superar estes obstáculos. A sua função económica é reduzir as resistências ou os bloqueios por parte de determinados credores sem as despesas associadas à abertura e ao curso de um processo tradicional.

Combinam uma fase informal (ou negocial) e uma fase formal (judicial), acumulando, portanto, as vantagens de uma e de outra. As suas principais características são a homologação do acordo por uma autoridade independente (normalmente, o tribunal) e a produção, pelo acordo, de efeitos gerais não obstante a oposição de alguns credores. A regra do consentimento individual, típica dos contratos é, assim, substituída pela regra do consentimento colectivo.

Os *schemes of arrangement* são exemplo clássico dos processos híbridos.

E o PER é o exemplo acabado deste tipo de processos em Portugal.

2. O processo especial de revitalização como processo de recuperação. Os princípios da recuperação de empresas

Bibliografia

CATARINA SERRA,

– "Entre o princípio e os princípios da recuperação de empresas (um *work in progress*)", in: CATARINA SERRA (coord.), *II Congresso de Direito da Insolvência*, Coimbra, Almedina, 2014, pp. 69 e s.

2.1. O princípio do primado da recuperação

O princípio do primado da recuperação é fácil de enunciar, embora porventura mais difícil de aplicar. A ideia central é a que a recuperação é a solução preferencial para a resolução do problema da insolvência e de todas as outras situações em que se manifesta a situação de crise económica.

Implícita ao primado da recuperação está, naturalmente, a alternativa da liquidação patrimonial e, em oposição às vias extrajudiciais de recuperação, a ideia dos processos tradicionais (judiciais, formais, complexos, morosos e onerosos).

2.2. O princípio da recuperabilidade

O princípio da recuperabilidade tem uma dimensão positiva, de reforço do princípio do primado da recuperação, e uma dimensão negativa, de limitação ao princípio do primado da recuperação.

Desdobra-se, assim, em primeiro lugar, na ideia de que todas as empresas susceptíveis de recuperação devem ser recuperadas e, em segundo lugar, de que só as empresas susceptíveis de recuperação devem ser recuperadas.

2.3. O princípio da universalidade

O princípio da universalidade desempenha, por sua vez, uma função de reforço do princípio do primado da recuperação. Tem por base a ideia de que a recuperação é tanto mais eficaz quanto maior for o número de sujeitos relevantes envolvidos.

A consequência lógica do princípio da universalidade é a consagração da regra de que quem tem o poder participar nas negociações (participe ou não de facto) fica – deve ficar – sujeito aos efeitos do acordo.

O princípio da universalidade não é absoluto, estando sujeito a determinadas limitações.

O acordo deve ser rejeitado pelo juiz, *ex officio*, sempre que se configure a violação de normas imperativas ou de outras normas relativas ao procedimento ou ao conteúdo do plano cujo desrespeito não possa ser desvalorizado.

Também pode ser rejeitado a requerimento dos credores e de outros sujeitos, quando os seus efeitos deixem algum credor em situação menos vantajosa do que aquela em que ele ficaria na situação hipotética alternativa (de liquidação patrimonial) ou em situação de injustificada vantagem – por outras palavras, quando se demonstre que o plano é intoleravelmente desfavorável ou favorável a algum dos credores.

Em qualquer destes casos, o acordo não produzirá os efeitos gerais para os quais está vocacionado no âmbito do processo de recuperação.

I. QUALIFICAÇÃO JURÍDICA E CARACTERIZAÇÃO PROCESSUAL DO PROCESSO ESPECIAL...

3. O processo especial de revitalização como processo especial

Bibliografia
Catarina Serra,
– *A falência no quadro da tutela jurisdicional dos direitos de crédito – O problema da natureza do processo de liquidação aplicável à insolvência no Direito português*, Coimbra, Coimbra Editora, 2009.

O PER foi especialmente concebido para a resolução de uma determinada situação (a pré-insolvência) e visa a satisfação dos interesses particulares de determinados sujeitos – logo é um processo especial.

Há quem afirme, mais ou menos expressamente, que o PER é um processo especialíssimo, porque é especial relativamente ao processo de insolvência e este é, já de si, um processo especial[3].

O entendimento suscita reservas.

Primeiro, porque é duvidoso que exista tal categoria – a categoria dos processos especialíssimos.

Depois, porque apesar da indiscutível proximidade entre os processos (o facto de serem ambos formas de resolução da crise económica das empresas e de estarem regulados no mesmo diploma legal[4]), o PER não é, de facto, susceptível de recondução ou de ordenação ao processo de insolvência. O PER destina-se, desde logo, à realização de finalidades distintas daquelas que são as finalidades do processo de insolvência (ele visa evitar a insolvência). É, portanto, não uma sub-espécie ou uma sub-modalidade dele, mas uma espécie ou modalidade autónoma e paralela[5].

---

[3] Cfr., expressamente, Fátima Reis Silva, "A verificação de créditos no processo de revitalização", in: Catarina Serra (coord.), *II Congresso de Direito da Insolvência*, Coimbra, Almedina, 2014, p. 255, e *Processo especial de revitalização – Notas práticas e jurisprudência recente*, Porto, Porto Editora, 2014, p. 16. Cfr., menos expressamente, Isabel Alexandre, "Efeitos processuais da abertura do processo de revitalização", in: Catarina Serra (coord.), *II Congresso de Direito da Insolvência*, Coimbra, Almedina, 2014, p. 236.

[4] Sobre a noção de crise económica e a utilidade da expressão para designar todas as situações especiais (insolvência, insolvência iminente e situação económica difícil) que reclamam processos especiais cfr. Catarina Serra, *A falência no quadro da tutela jurisdicional dos direitos de crédito – O problema da natureza do processo de liquidação aplicável à insolvência no Direito português*, Coimbra, Coimbra Editora, 2009, pp. 241 e s.

[5] Como decorre também do que dizem Luís Carvalho Fernandes e João Labareda [*Código da Insolvência e da Recuperação de Empresas anotado. Sistema de Recuperação de Empresas*

Como é sabido, os processos especiais são tantos quantos as situações especiais que os reclamam. Evoca-se, a este respeito, as palavras de José Alberto dos Reis: "(...) a criação de processos especiais obedece ao pensamento de ajustar a *forma* ao *objecto* da acção, de estabelecer correspondência harmónica entre os trâmites do processo e a configuração do direito que se pretende fazer reconhecer ou efectivar. É a *fisionomia especial do direito* que postula a forma especial do processo. Portanto, onde quer que se descubra um direito substancial com caracteres específicos que não se coadunem com os trâmites do processo comum, há-de organizar-se um processo especial adequado a tais caracteres. Daí tantos processos especiais quantos os direitos materiais de fisionomia específica"[6].

Pelas mesmas razões se rejeita a qualificação do processo regulado no art. 17.º-I como um processo especialíssimo face ao PER. Ele é simplesmente um processo destinado a uma finalidade diferente (mais restrita), ou seja, não a negociação, a aprovação e a homologação judicial de um plano de recuperação mas tão-só a homologação judicial de um plano negociado e aprovado antes e fora do processo.

4. O processo especial de revitalização como processo adequado

Bibliografia
Catarina Serra,
– *A falência no quadro da tutela jurisdicional dos direitos de crédito – O problema da natureza do processo de liquidação aplicável à insolvência no Direito português*, Coimbra, Coimbra Editora, 2009.
– "Direito da insolvência e tutela efectiva do crédito – O imperativo regresso às origens (aos fins) do Direito da insolvência", in: Catarina Serra (coord.), *III Congresso de Direito da Insolvência*, Coimbra, Almedina, 2015, pp. 11 e s.

Sobretudo quando a celeridade do processo parece ser o "argumento de serviço" para justificar a maioria das soluções para os problemas surgidos no

---

por Via Extrajudicial (SIREVE) Anotado. Legislação Complementar, Lisboa, Quid Juris, 2013, p. 140].

[6] Cfr. José Alberto dos Reis, *Processos especiais*, volume I, Coimbra, Coimbra Editora, 1982, p. 2 (itálicos do autor).

I. QUALIFICAÇÃO JURÍDICA E CARACTERIZAÇÃO PROCESSUAL DO PROCESSO ESPECIAL...

domínio do PER – algumas até de constitucionalidade duvidosa –, torna--se urgente fixarmos definitivamente três ideias: duas negativas (quanto à celeridade) e uma afirmativa (quanto ao PER), sobre as quais não existe, em princípio, discussão.

Primeiro, a celeridade não é um fim do processo mas tão-só uma *forma*, pelo que deve ceder perante outros valores presentes no processo e os fins que ele persegue ou consentir modificações por causa deles.

Depois, a celeridade não é a única forma mas só uma forma *possível* do ritmo processual devido. Se há processos e momentos processuais em que a celeridade se justifica há outros em que o que se torna exigível é exactamente o inverso.

Por fim, como qualquer processo judicial ou hibrido, o PER deve corresponder às exigências do "processo adequado", não sendo possível compreendê-lo à margem da ideia de tutela jurisdicional efectiva, consagrada no art. 20.º da Constituição da República Portuguesa (CRP).

Como é sabido, o art. 20.º, n.º 1, da CRP qualifica como direitos fundamentais o direito de acesso ao Direito e o direito de acesso aos tribunais para defesa de todas as situações juridicamente protegidas. O direito de acesso aos tribunais significa o direito ao processo, que compreende o direito a que as causas sejam decididas em prazo razoável (o direito a uma decisão jurisdicional sem dilações indevidas[7]), mediante um processo equitativo (cfr. n.º 4 do art. 20.º da CRP) e, para defesa dos direitos, liberdades ou garantias pessoais, o direito de acesso a procedimentos judiciais caracterizados pela celeridade e pela prioridade, de modo a obter tutela efectiva e em tempo útil contra ameaças ou violações desses direitos (cfr. n.º 5 do art. 20.º da CRP)[8].

---

[7] O direito à justiça em prazo razoável "é o direito a que os tribunais funcionem, respondendo às solicitações de Justiça dos cidadãos" (cfr. FERNANDO ANDRADE PIRES DE LIMA, "Considerações acerca do direito à justiça em prazo razoável", in: *Revista da Ordem dos Advogados*, 1990, III, p. 672).

[8] Tudo isto porque "um sistema processual que não facilita o acesso aos interessados e que difere, para além do "prazo razoável" a que aludem o art. 20.º, n.º 4 CRP e o art. 6.º, n.º 1, da Convenção Europeia dos Direitos do Homem, a administração da justiça, coloca em causa a sua adequação" (cfr. MIGUEL TEIXEIRA DE SOUSA, *As recentes alterações na legislação processual civil*, Separata da Revista da Ordem dos Advogados, 2001, p. 1).

O processo deve, em síntese, garantir uma solução num prazo razoável, ser configurado como um processo equitativo e assegurar uma tutela jurisdicional efectiva[9].

Em primeiro lugar, quanto à exigência de prazo razoável, trata-se de atender, principalmente, ao interesse do autor, mas também ao interesse do réu, a quem não convém o prolongamento indevido de situações de indefinição[10].

Na falta de indicações expressas, costuma entender-se que o prazo do processo deve ser proporcional à sua complexidade, devendo o processo durar o tempo que for necessário (mas não mais do que o necessário) para ser um processo equitativo e justo, ou seja, para que se possa atingir a justiça material[11] [12].

Em segundo lugar, quanto à exigência de um processo equitativo, ela decorre do próprio primado do Direito[13]. Na sua origem está aquilo que a jurisprudência norte-americana denomina *"due process of law"* (em tradução literal: processo legal devido)[14] [15].

---

[9] A norma do art. 20.º da CRP enuncia o princípio fundamental contido no art. 10.º da Declaração Universal dos Direitos do Homem ("Qualquer pessoa tem direito, em plena igualdade, a que a sua causa seja equitativa e publicamente julgada por um tribunal independente e imparcial que decida dos seus direitos e obrigações ou das razões de qualquer acusação em matéria penal que contra ela seja deduzida") e acolhido, com desenvolvimentos, no art. 6.º, n.º 1, da Convenção Europeia dos Direitos do Homem "Qualquer pessoa tem direito a que a sua causa seja julgada, equitativa e publicamente, num prazo razoável por um tribunal independente e imparcial, criado pela lei, o qual decidirá, quer sobre a determinação dos seus direitos e obrigações de carácter civil, quer sobre o fundamento de qualquer acusação em matéria penal dirigida contra ela (...)".

[10] Cfr., neste sentido, JOSÉ LEBRE DE FREITAS, *Introdução ao processo civil – Conceito e princípios gerais à luz do código revisto*, Coimbra, Coimbra Editora, 1996, p. 111.

[11] Cfr., neste sentido, JORGE MIRANDA / RUI MEDEIROS, *Constituição Portuguesa Anotada*, tomo I, Coimbra, Coimbra Editora, 2005, p. 192.

[12] Segundo JOAQUIM PIRES DE LIMA, "Considerações acerca do direito à justiça em prazo razoável", cit., p. 681), o juízo sobre a razoabilidade do prazo deve atender a quatro factores: a complexidade da causa, a conduta das autoridades, a conduta do queixoso e a finalidade do processo na perspectiva do interesse do queixoso.

[13] Cfr. JORGE MIRANDA, "Constituição e processo civil", in: *Direito e Justiça*, 1994, volume VIII, tomo 2, p. 21.

[14] Sobre as origens do direito ao processo equitativo e a noção de *"due process of law"* cfr. J. J. GOMES CANOTILHO, *Direito Constitucional e Teoria da Constituição*, Coimbra, Almedina, 2005, pp. 492 e s. Segundo o autor, o *due process* era, de início, interpretado de forma restritiva, mas tem sido progressivamente estendido. Cfr., também neste sentido, JORGE MIRANDA, "Constituição e processo civil", cit., p. 10.

I. QUALIFICAÇÃO JURÍDICA E CARACTERIZAÇÃO PROCESSUAL DO PROCESSO ESPECIAL...

O direito ao processo equitativo impõe a efectividade, no processo, do princípio da igualdade de armas (ou igualdade processual), bem como do direito de defesa e do princípio do contraditório. Estes últimos, embora estejam expressamente consagrados só no âmbito do processo criminal (cfr. art. 32.º da CRP), têm alcance geral, podendo e devendo ser transpostos para o processo civil[16]. Em processo civil, o direito ao processo equitativo reclama que cada parte tenha uma possibilidade razoável de defender as suas razões em posição que não seja menos vantajosa do que a da parte adversária, sob o ponto de vista tanto dos meios dispostos como da atenção dispensada pelos órgãos processuais.

Em terceiro lugar e por último, quanto ao direito a uma tutela efectiva – que aparece, na CRP, circunscrito à defesa dos direitos, liberdades e garantias pessoais (cfr. art. 20.º, n.º 5, da CRP) e à defesa dos direitos e interesses legalmente protegidos no âmbito da justiça administrativa (cfr. art. 268.º, n.º 4, da CRP), mas tem, na verdade, uma aplicação geral, como indicam "quer a inserção na epígrafe do artigo 20.º, quer a própria teleologia do direito de acesso aos tribunais"[17] –, ele postula a adopção de um sistema de providências cautelares (conservatórias e antecipatórias) que assegure o efeito útil da acção e previna o risco de lesões graves e irreparáveis dos direitos ou interesses legalmente protegidos. Impõe, além disso, a previsão de processos céleres e prioritários – que, apesar de associados exclusivamente à defesa de direitos, liberdades e garantias pessoais (cfr. art. 20.º, n.º 5, da CRP), são necessários e oportunos também para a defesa de outras categorias de direitos[18] [19].

---

[15] Existem hoje, essencialmente, duas concepções de "processo devido" (ou "processo justo"): uma, a concepção processual (*"process-oriented theory"*), limita-se a dizer que "processo devido" é o processo legal ou o processo especificado na lei; a outra, a concepção material ou substantiva (*"value-orientated theory"*), entende-o como um processo legal, justo e adequado, que deve ser materialmente informado pelos princípios da justiça e começa por ser um processo justo logo no momento da criação normativo-legislativa. Por influência desta última, começa a falar-se, cada vez mais, num "processo devido substantivo".

[16] Cfr. JORGE MIRANDA, "Constituição e processo civil", cit., pp. 10 e 13.

[17] Cfr., neste sentido, JORGE MIRANDA / RUI MEDEIROS, *Constituição Portuguesa Anotada*, tomo I, cit., p. 203.

[18] Cfr., neste sentido, JORGE MIRANDA / RUI MEDEIROS, *Constituição Portuguesa Anotada*, tomo I, cit., p. 204, e J. J. GOMES CANOTILHO, *Direito Constitucional e Teoria da Constituição*, cit., p. 499.

[19] Além do art. 20.º da CRP, existem regras constitucionais que, não obstante terem outro âmbito imediato, contribuem, também elas, para conformar o regime processual. Pense-se na reserva de jurisdição (cfr. art. 202.º da CRP), na independência dos tribunais e na sua

Ora, se o princípio da tutela jurisdicional efectiva e tudo que dele resulta forem desconsiderados na interpretação do regime do PER, há o perigo de o PER se transformar numa "via rápida" para a ultrapassagem de regras fundamentais do Direito.

A verdade é que não pode aceitar-se que seja um efeito normal da aplicação da lei (a mesma lei que é fonte do Direito) abrir-se um processo pré--insolvencial contra um devedor que não está pré-insolvente (porque já está mesmo insolvente ou porque ainda não está pré-insolvente) ou declarar a sua insolvência quando não estão preenchidos os respectivos requisitos materiais (a insolvência ou, em certas condições, a insolvência iminente).

É preciso ter isto bem presente sempre que, na discussão sobre as várias hipóteses interpretativas, surge o famigerado argumento da celeridade. Como advertiu – certeiramente – JOSÉ LEBRE DE FREITAS[20], "a progressiva valoração de celeridade processual não deve, porém, levar a subalternizar, como por vezes entre nós se verifica, a necessária maturação e a qualidade da decisão de mérito, com o inerente desvio da função jurisdicional".

---

vinculação à lei (cfr. art. 203.º da CRP) e na imparcialidade dos juízes (cfr. art. 216.º da CRP), no dever de fundamentação das decisões judiciais que não sejam de mero expediente (cfr. art. 205.º, n.º 1, e art. 282.º, n.º 4, da CRP), na obrigatoriedade e na prevalência das decisões dos tribunais sobre as de quaisquer outras autoridades e na sua exequibilidade (cfr. art. 205.º, n.ºs 2 e 3), no respeito pelo caso julgado (cfr. art. 282.º, n.º 3, da CRP) e na publicidade das audiências dos tribunais (cfr. art. 206.º da CRP). Pense-se, por fim, no domínio – aparentemente mais remoto, mas não menos importante – dos princípios fundamentais, no princípio do Estado de Direito, no princípio democrático, no princípio da universalidade, no princípio da separação de poderes (cfr. art. 2.º da CRP) e, sobretudo, no princípio da igualdade (cfr. art. 13.º da CRP) – que deve ser entendido, cada vez mais, num sentido material –, para cuja realização o processo deve contribuir.

[20] Cfr. JOSÉ LEBRE DE FREITAS, *Introdução ao processo civil – Conceito e princípios gerais à luz do código revisto*, cit., p. 113.

5. Implicações da qualificação do processo especial de revitalização na definição da disciplina aplicável. Aplicação analógica e direito subsidiário

Bibliografia
CATARINA SERRA,
– "La recuperación negociada de empresas bajo la ley portuguesa. Para una lectura sistemática de los acuerdos de recuperación o restructuración de empresas", in: ANTONIO GARCÍA-CRUCES (Director), *Las Soluciones Negociadas como Respuesta a la Insolvencia Empresarial – Reformas en el Derecho Comparado y Crisis Económica*, Cizur Menor (Navarra), Thomson-Reuters Aranzadi, 2014, pp. 297 e s.
– "O processo especial de revitalização – Balanço das alterações introduzidas em 2012 e 2015", in: *Actas da Conferência "Acção Executiva e Insolvência: as Reformas em Discussão"*, Centro de Investigação em Estudos Jurídicos do Instituto Politécnico de Leiria, 2016, pp. 51 e s. (disponível em https://iconline.ipleiria.pt/handle/10400.8/2222).

Um corolário lógico da qualificação do PER como processo especial é a ideia de que o PER não é auto-suficiente no plano do direito aplicável, ou seja, de que o direito aplicável ao PER não pode esgotar-se na disciplina contida nas normas dos arts. 17.º-A a 17.º-I.

O problema de saber qual é o direito aplicável ao PER para lá do seu direito primário é uma questão complexa, remetendo para as questões fundamentais da interpretação e da aplicação das leis. Está em causa não só a identificação dos complexos normativos aplicáveis mas ainda a explicitação da específica conexão entre eles e o direito primário de forma a estabelecer uma hierarquia.

Neste contexto, não pode deixar de se valorizar a localização sistemática dos arts. 17.º-A e s. – no Código da Insolvência e da Recuperação de Empresas (CIRE)[21]. Significa isto, em primeiro lugar, que, sempre que se torne necessário e não se revele incompatível com a disciplina específica do PER, devem aplicar-se a este as disposições gerais do CIRE.

Trata-se de desenvolver ou actualizar o sentido da lei, de "desenvolver o conteúdo das disposições em todas as suas direcções e relações possíveis"[22]. Pressupõe-se que, se a letra da lei foi – é – demasiado restritiva, referindo-se apenas ao processo de insolvência, tal é imputável simplesmente ao facto de, à data da actividade legislativa, o PER ser um instituto desconhecido,

---

[21] Todos os artigos referidos no texto sem outra indicação são do CIRE.
[22] Cfr. MANUEL A. DOMINGUES DE ANDRADE, *Ensaio sobre a teoria da interpretação das leis*, Coimbra, Arménio Amado, Editor – Sucessor, 1963, p. 153.

havendo razões para crer que, se a actividade legislativa ocorresse hoje, a lei o abrangeria também. É isto o que resulta da inserção sistemática do PER, em 2012, no CIRE. Na maioria dos casos há que proceder a adaptações, excepto no caso do art. 1.º, n.º 2, que contempla explicitamente o PER.

Nas disposições gerais incluem-se, desde logo, as disposições introdutórias do CIRE. Mas há outras. No primeiro grupo estão algumas normas importantes, que definem, por exemplo, o âmbito de aplicação (cfr. art. 2.º), a insolvência iminente (cfr. art. 3.º, n.º 4), a empresa (cfr. art. 5.º), o tribunal competente (cfr. art. 7.º), os recursos (cfr. art. 14.º) e o direito subsidiariamente aplicável (cfr. art. 17.º). No segundo grupo estão outras normas que estabelecem ainda regras gerais como, por exemplo, as pessoas competentes para a apresentação (cfr. art. 19.º), a classificação dos créditos (cfr. art. 47.º) e a destituição do administrador judicial (cfr. art. 56.º).

Mesmo assim, subsistem muitas matérias sobre as quais o PER não dispõe de disciplina própria. Põe-se, então, a questão da integração das lacunas através dos casos análogos regulados no CIRE ou, por outras palavras, da aplicação analógica das normas próprias do processo (também ele especial) de insolvência.

Consistindo a analogia "na aplicação dum princípio jurídico que a lei põe para certo facto a outro facto não regulado, mas semelhante, sob o aspecto jurídico, ao primeiro"[23], as normas que apresentam maior predisposição para o efeito são, naturalmente, as que regulam o plano de insolvência na modalidade de plano de recuperação.

A semelhança entre o plano de insolvência e o plano de recuperação não é uma semelhança absoluta ou em todos os aspectos. Existem pontos em que os respectivos regimes divergem – e devem divergir. Destaca-se a circunstância de, no plano de insolvência, a situação subjacente (a insolvência) ser objecto de declaração judicial. A panóplia de efeitos que esta sentença desencadeia, afectando, designadamente, os direitos dos credores, não é um aspecto que tenha pouca importância ou que possa ser desvalorizado.

Acredita-se, apesar de tudo, que os aspectos que os aproximam são mais numerosos e mais determinantes do que aqueles que os afastam. Como se

---

[23] Cfr. MANUEL A. DOMINGUES DE ANDRADE, *Ensaio sobre a teoria da interpretação das leis*, cit., p. 158.

disse noutra altura, pese embora os diferentes graus de intervenção judicial, o plano de insolvência não diverge fundamentalmente do plano visado no PER, no plano da natureza, da tramitação e dos efeitos. Ambos implicam, numa palavra, a abertura de negociações entre o devedor e os credores com vista à celebração de um contrato que se imponha ao máximo número possível de credores.

A primeira tendência da jurisprudência portuguesa foi, todavia, a de afastar a aplicação analógica, designadamente das normas do plano de insolvência, com o argumento de que os dois planos são realidades jurídicas distintas, estando cada uma delas sujeita a regras próprias e específicas e a pressupostos e finalidades distintos.

- Na jurisprudência, veja-se, explicitamente neste sentido, o Ac. do TRP de 13.05.2013, Proc. 4257/12.6TBVFR-B.P1 (Relator: CAIMOTO JÁCOME).

Hoje, contudo, o entendimento dominante é o que o recurso aos casos análogos previstos no CIRE é não só necessário como, em princípio, viável, desde que se observem os devidos cuidados[24]. Regista-se, em particular o recurso às normas do plano de insolvência para resolver os casos omissos em matéria de requisitos do conteúdo do plano, de votação e aprovação do plano, de homologação do plano e de efeitos do plano, sendo as normas mais convocadas as do art. 194.º, do art. 195.º, do art. 198.º, do art. 201.º, do art. 202.º, do art. 212.º e do art. 217.º.

- Na jurisprudência, veja-se, sustentando a aplicação das normas referidas, consoante os casos, o Ac. do STJ de 24.11.2015, Proc. 212/14.0TBACN. E1.S1 (Relator: JOSÉ RAÍNHO), o Ac. do STJ de 24.11.2015, Proc. 700/13.5TBTVR.E1.S1 (Relator: FERNANDES DO VALE), o Ac. do STJ de 3.11.2015, Proc. 863/14.2T8BRR.L1.S1 (Relator: SALRETA PEREIRA), o Ac. do STJ de 25.11.2014, Proc. 414/13.6TYLSB.L1.S1 (Relatora: ANA

---

[24] Uma das matérias mais complexas sob o ponto de vista prático é o da aplicação analógica ao PER das normas que preveem providências específicas de sociedades, ou seja, da norma do art. 198.º e ainda das normas dos arts. 199.º a 205.º.

PAULA BOULAROT), o Ac. do STJ de 25.11.2014, Proc. 1783/12.0TYLSB-
-B.L1.S1 (Relator: FERNANDES DO VALE), o Ac. do STJ de 25.03.2014,
Proc. 6148/12.1TBBRG.G1.S1 (Relator: FONSECA RAMOS), o Ac. do TRL
de 3.12.2015, Proc. 7543-14.7T8SNT.L1-8 (Relator: SACARRÃO MAR-
TINS), o Ac. do TRL de 1.10.2015, Proc. 11334/14.7T2SNT.L1-2 (Relato-
ra: ONDINA ALVES), o Ac. do TRL de 5.06.2014, Proc. 746/14.6TYLSB.
L1-7 (Relatora: CRISTINA COELHO), o Ac. do TRL de 19.05.2015, Proc.
863/14.2T8BRR.L1-7 (Relatora: ROSA RIBEIRO COELHO), o Ac. do TRL
de 16.04.2015, Proc. 1979-14.0TBSXL.L1-6 (Relator: TOMÉ RAMIÃO), o
Ac. do TRL de 16.09.2014, Proc. 23097/13.9T2SNT.L1-1 (Relator: RIJO
FERREIRA), o Ac. do TRL de 5.06.2014, Proc. 414/13.6TYLSB.L1-8 (Re-
latora: MARIA ALEXANDRA BRANQUINHO), o Ac. do TRL de 28.03.2014,
Proc. 1861/12.6TYLSB-A.L1 (Relator: JOÃO VAZ GOMES), o Ac. do TRL de
25.03.2014, Proc. 3175/13.5TBSXL.L1-1 (Relator: EURICO REIS), o Ac. do
TRL de 13.03.2014, Proc. 1904/12.3TYLSB.L1-2 (Relator: JORGE LEAL),
o Ac. do TRL de 4.02.2014, Proc. 2014/12.9TYLSB.L1 (Relator: TOMÉ
GOMES), o Ac. do TRL de 23.01.2014, Proc. 4303/13.6TCLRS-A.L1-2 (Re-
latora: MARIA JOSÉ MOURO), o Ac. do TRL de 12.12.2013, Proc. 640/10.0
TBPDL-T.L1-1 (Relator: PEDRO BRIGHTON), o Ac. do TRL de 14.11.2013,
Proc. 16680/13.4T2SNT-D.L1-2 (Relatora: ONDINA CARMO ALVES), o Ac.
do TRL de 9.05.2013, Proc. 1008/12.9TYLSB.L1-8 (Relatora: ISOLETA
ALMEIDA COSTA), o Ac. do TRP de 13.04.2015, Proc. 974/13.1TYVNG.P2
(Relatora: RITA ROMEIRA), o Ac. do TRP de 9.12.2014, Proc. 166/14.2TJ-
PRT.P1 (Relator: RUI MOREIRA), o Ac. do TRP de 16.09.2014, Proc.
1527/13.0TBVNG-A.P1 (Relator: M. PINTO DOS SANTOS), o Ac. do TRP
de 9.07.2014, Proc. 1213/12.8TBVFR-B.P1 (Relator: JOSÉ AMARAL), o Ac.
do TRP de 14.05.2013, Proc. 1172/12.7TBMCN.P1 (Relator: VIEIRA E
CUNHA), o Ac. do TRC de 21.04.2015, Proc. 349/14.5TBSRT.C1 (Relatora: MARIA DOMINGAS SIMÕES), o Ac. do TRC de 21.04.2015, Proc.
2281/13.0TBCLD.C1 (Relatora: BARATEIRO MARTINS), o Ac. do TRC
de 24.06.2014, Proc. 1969/13.0TBVIS.C1 (Relatora: REGINA ROSA), o
Ac. do TRC de 1.04.2014, Proc. 3330/13.8TBLRA-A.C1 (Relator: HEN-
RIQUE ANTUNES), o Ac. do TRC de 11.03.2014, Proc. 434/13.0TBCNT.
C1 (Relator: MOREIRA DO CARMO), o Ac. do TRC de 29.10.2013, Proc.
5697/12.6TBLRA.C1 (Relator: CARVALHO MARTINS), o Ac. do TRG de

I. QUALIFICAÇÃO JURÍDICA E CARACTERIZAÇÃO PROCESSUAL DO PROCESSO ESPECIAL...

5.11.2015, Proc. 657/14.5TBBRG.G1 (Relator: JORGE TEIXEIRA), o Ac. do TRG de 24.09.2015, Proc. 378/14.9T8VNF.G1 (Relator: JORGE TEIXEIRA), o Ac. do TRG de 12.02.2015, Proc. 689/13.0TBAMR-A.G1 (Relator: MANSO RAÍNHO), o Ac. do TRG de 8.01.2015, Proc. 703/14.2TBBRG.G1 (Relatora: ANA CRISTINA DUARTE), o Ac. do TRG de 10.12.2013, Proc. 1083/13.9TBBRG.G1 (Relator: ANTÓNIO BEÇA PEREIRA), o Ac. do TRG de 1.10.2013, Proc. 3809/12.9TBBCL.G1 (Relatora: MARIA DA PURIFICAÇÃO CARVALHO), o Ac. do TRG de 18.06.2013, Proc. 743/12.6TBVVD.G1 (Relatora: ROSA TCHING), o Ac. do TRE de 22.10.2015, Proc. 383/15.8T8STR.P1 (Relator: FRANCISCO MATOS), o Ac. do TRE de 10.09.2015, Proc. 63/14.1T8RMZ.E1 (Relatora: ALEXANDRA MOURA SANTOS), o Ac. do TRE de 9.07.2015, Proc. 1279/14.6T8STR.E1 (Relator: CANELAS BRÁS), o Ac. do TRE de 14.05.2015, Proc. 1236/14.2TBSTR-A.E1 (Relator: CANELAS BRÁS), o Ac. do TRE de 29.01.2015, Proc. 1030/13.8TBTMR-A.E1 (Relator: SILVA RATO), o Ac. do TRE de 13.03.2014, Proc. 1327/13.7TBSTR.E1 (Relator: FRANCISCO XAVIER).

A aplicação analógica da disciplina do plano de insolvência ao PER não prejudica, naturalmente, a possibilidade de aplicação analógica de outras nomas como, por exemplo, as que regulam outro processo especial, pré-insolvencial e com finalidade de recuperação (o SIREVE), constantes do DL n.º 178/2012, de 3 de Agosto.

No CIRE prevê-se ainda a possibilidade de recurso a um direito subsidiário. Nos termos do art. 17.º, o direito subsidiário do PER é constituído pelas disposições do Código de Processo Civil (CPC) que não contrariem o disposto no CIRE. Esta última parte constitui a habitual cláusula tendente a afirmar a primazia do direito primário (as normas próprias do PER). Como se disse, não obstante reportar-se literalmente ao processo de insolvência, a norma do art. 17.º inclui-se no conjunto de normas introdutórias do CIRE, logo é aplicável aos processos aí regulados, a não ser que isso se mostrasse inconciliável com o regime específico de algum deles – o que manifestamente não é o caso.

– Na jurisprudência, veja-se um raciocínio diferente partilhado no Ac. do TRL de 16.06.2015, Proc. 811/15.2T8FNC-A.L1-7 (Relatora: GRAÇA AMARAL).

Diz-se aí no sumário: "No âmbito do PER não se mostra previsto qual o direito subsidiariamente aplicável para as situações que não se encontram expressamente previstas na Lei. A solução terá de ser encontrada na regra geral consignada no artigo 549.º, n.º1, do CPC, pelo que resultará que ao processo de revitalização, enquanto processo especial, aplicar-se-ão, em primeira linha, as regras que lhe são próprias e, em segundo lugar, as disposições gerais e comuns constantes do CIRE; se necessário, em terceira linha, as regras do CPC, nos termos prescritos no artigo 17.º, do CIRE"[25].

É estranho que se diga que não está previsto o direito subsidiariamente aplicável às situações que não encontram previsão expressa na lei. Mais estranho ainda é que, com base naquele pressuposto, se saia do âmbito do CIRE para entrar no do CPC, para concluir, afinal, que se aplica o art. 17.º.

Para que o raciocínio procedesse, teria sempre, em primeiro lugar, de se justificar o recurso ao CPC (posto que, num momento inicial, não se considera a aplicabilidade do art. 17.º). Naturalmente, para quem defenda a inaplicabilidade do art. 17.º ao PER torna-se difícil justificar a aplicabilidade das disposições do CPC, não valendo dizer que a solução remonta à regulação dos processos (especiais) de falência e de insolvência no velho Código de Processo Civil[26] (se se entende que ao PER não se aplica uma norma da disciplina actual do processo de insolvência, o raciocínio estaria viciado).

Em segundo lugar, teria de se justificar a aplicação da norma do art. 549.º, n.º 1, do CPC. De acordo com a localização sistemática desta, o seu âmbito *imediato* de aplicação é o dos processos especiais regulados no CPC e, de entre estes, o dos processos de declaração. Ora, o PER não é (irrestritamente)

---

[25] O mesmo raciocínio, com base também na norma do art. 549.º, n.º 1, do CPC, é feito por FÁTIMA REIS SILVA (*Processo Especial de Revitalização – Notas Práticas e Jurisprudência Recente*, Porto, Porto Editora, 2014, p. 18).

[26] Esta é a razão apresentada por Luís CARVALHO FERNANDES e JOÃO LABAREDA (*Código da Insolvência e da Recuperação de Empresas anotado. Sistema de Recuperação de Empresas por Via Extrajudicial (SIREVE) Anotado. Legislação Complementar*, cit., pp. 137-138) para justificar a dispensabilidade da norma do art. 17.º no que toca ao processo de insolvência mas que não serve, como os autores parecem pretender, para colmatar a lacuna que resultaria da inaplicabilidade do art. 17.º ao PER e que, inclusivamente, os leva a lamentar que não se tenha ajustado o art. 17.º de forma a incluir o PER.

I. QUALIFICAÇÃO JURÍDICA E CARACTERIZAÇÃO PROCESSUAL DO PROCESSO ESPECIAL...

susceptível de recondução à categoria dos processos (especiais) declarativos. Para começar, o PER nem é, como se viu, um processo judicial puro mas sim um processo híbrido.

Note-se que nos casos em que se aplica o direito subsidiário não há, em rigor, integração de lacunas porque de lacunas não se pode, em rigor, falar ("não há lacuna da lei quando a própria lei indica um direito como subsidiariamente aplicável"[27]). Mas o direito subsidiário localiza-se (sistematicamente) num espaço exterior relativamente ao direito primário; não deixa, então, de haver uma omissão no direito primário.

A consciência da exterioridade – não só sistemática mas sobretudo teleológica – do direito subsidiário será porventura importante para resolver um outro problema, relacionado com os tipos de omissões que justificam o recurso ao direito subsidiário. Trata-se, por outras palavras, de saber se perante uma dada omissão do direito primário se deve recorrer primeiro ao direito subsidiário (às disposições do CPC) e só depois ao direito em que se integra o PER (às normas do CIRE) ou vice-versa.

Partindo do princípio de que a integração do PER no mesmo sistema ou no mesmo quadro de institutos em que se integra o processo de insolvência tem alguma razão de ser, a analogia interna (dentro do CIRE) é, em princípio, preferível à remissão para o direito subsidiário. Não se esqueça que este é simultaneamente direito primário relativamente a outros domínios e que foi a pensar nestes últimos que foi concebido.

A propósito disto, insista-se na ideia de que a aplicação de normas diversas das que compõem a disciplina própria sempre obriga à observância de determinados cuidados. O intérprete deve sempre, primeiro, certificar-se de que as normas aplicandas não contrariam o regime especialmente disposto e o que dele decorre e, depois, proceder às adaptações devidas. Um exemplo paradigmático de uma norma exigindo uma adaptação cuidadosa para efeitos da sua aplicação ao PER é, como se verá, a norma do art. 28.º (para a qual o art. 17.º-G, n.º 4, faz, aliás, remissão explícita).

---

[27] Cfr. JOSÉ DE OLIVEIRA ASCENSÃO, *O Direito – Introdução e Teoria Geral – Uma Perspectiva Luso-Brasileira*, Coimbra, Almedina, 2001, p. 369.

6. As características processuais (formais) do processo especial de revitalização

Bibliografia
CATARINA SERRA,
– "Tópicos para uma discussão sobre o processo especial de revitalização (com ilustrações jurisprudenciais)", in: *Ab Instantia – Revista do Instituto do Conhecimento AB*, 2014, n.º 4, pp. 53 e s.

De uma forma esquemática, sem preocupações de exaustividade e considerando em exclusivo a disciplina directamente prevista no CIRE (ou seja, não considerando a disciplina, aplicável por remissão, dos Princípios Orientadores da Recuperação Extrajudicial de Devedores[28]), podem identificar-se, de imediato, sete características processuais do PER: a voluntariedade, a informalidade, a consensualidade, a estabilidade, a transparência, o contraditório e a celeridade.

É conveniente descrever e localizar, ainda que em traços gerais, estas características.

6.1. Voluntariedade

A voluntariedade tem expressões não só na fase da iniciativa processual mas em vários momentos do processo e manifesta-se tanto ao nível dos poderes do devedor como ao nível dos poderes dos credores.

Quanto ao devedor, ele tem o poder de iniciativa do processo (cfr. art. 17.º-C, n.º 1) e a faculdade de pôr fim às negociações independentemente de qualquer causa (cfr. art. 17.º-G, n.º 5).

Quanto aos credores, eles têm o ónus de reclamação e de impugnação de créditos (cfr. art. 17.º-D, n.ºs 2 e 3), o poder de aderir às negociações a todo tempo (cfr. art. 17.º-G, n.º 7) e o direito de voto (cfr. art. 73.º, n.º 1), sendo livres de exercer este direito ou não e, exercendo-o, de o exercer em qualquer sentido (votando a favor do ou contra o plano de recuperação).

---

[28] Aprovados pela Resolução do Conselho de Ministros n.º 43/2011, de 25 de Outubro, e que o art. 17.º-D, n.º 10, os manda aplicar no âmbito do PER.

6.2. Informalidade

O PER tem um acentuado nível de informalidade, que advém, fundamentalmente, do grau diminuto de intervenção judicial, isto é, de certa desjudicialização do processo.

A desjudicialização manifesta-se tanto nas fases em que o juiz não tem rigorosamente qualquer intervenção (negociações e votação do plano) como nas fases em que, tendo intervenção, ela não é ampla.

Nas fases em que o juiz não tem intervenção veja-se, por exemplo, que não chega a constituir-se qualquer assembleia para votação do plano de recuperação, ao contrário do que acontece no plano de insolvência (cfr., *a silentio*, art. 17.º-F, n.º 4).

Nas fases em que o juiz tem alguma intervenção, veja-se, por exemplo, a verificação de créditos (cfr. art. 17.º-D, n.º 3), que é, em geral, "aliviada" dos procedimentos que, no processo de insolvência, se seguem à impugnação das reclamações, como a resposta às impugnações. Destaca-se ainda, neste contexto, a dispensa da actividade judicial de graduação de créditos.

Note-se que, embora tão-pouco haja lugar a uma rigorosa classificação dos créditos e dos credores, se torna necessária, para efeitos de votação e aprovação do plano de recuperação, uma identificação dos créditos subordinados.

6.3. Consensualidade

A realização do fim essencial do processo implica a obtenção de consensos e depende exclusivamente da realização deste objectivo. Isto é visível sobretudo nas fases de negociações e de aprovação do plano de recuperação.

Quanto às negociações, elas decorrem nos termos acordados pelas partes (cfr. art. 17.º-D, n.º 8).

Quanto ao plano de recuperação, ele só pode considerar-se aprovado quando obtiver a unanimidade dos votos ou então um número de votos favoráveis representativos de uma maioria qualificada (cfr. art. 17.º-F, n.ºs 1 e 3).

A consensualidade demonstra a sobreposição da vontade colectiva (de uma determinada maioria) à vontade individual. Hoje em dia, esta sobreposição é um elemento que caracteriza decisivamente os processos com intuito de recuperação e, sobretudo, os processos de carácter híbrido.

6.4. Estabilidade

A estabilidade resulta da preocupação de propiciar ao devedor o ambiente ideal para a realização das negociações com os credores e a obtenção de acordos de recuperação.

A sua manifestação mais visível é a limitação dos direitos processuais dos credores e outros terceiros. De facto, durante o PER, existe a impossibilidade de propor ou fazer prosseguir determinados tipos de acções contra o devedor (cfr. art. 17.º-E, n.º 1).

Em conformidade com isto, depois da aprovação e da homologação de plano de recuperação, em princípio, as acções deste tipo que se encontram suspensas extinguem-se (cfr. art. 17.º-E, n.º 1).

6.5. Transparência

A transparência implica a disponibilização e a circulação da informação por todos os sujeitos intervenientes no processo.

A regra fundamental é a de que todos os documentos relevantes devem ser patenteados e / ou publicados e que todas as informações relevantes devem ser prestadas aos intervenientes de forma a que todos tenham uma participação esclarecida.

Os deveres de informação fundamentais impendem principalmente sobre o devedor. Ele deve, logo de início, apresentar vários documentos ao tribunal, entre os quais uma relação de todos os seus credores [cfr. art. 24.º, *ex vi* do art. 17.º-C, n.º 3, al. *b*)], comunicar, por carta registada, a todos os seus credores que deu início às negociações e convidá-los a participar nas negociações (cfr. art. 17.º-D, n.º 1). Sobre ele impende ainda um dever de informação geral para com todos os seus credores, sob pena de incursão em responsabilidade civil (cfr. art. 17.º-D, n.ºs 6 e 11).

Existe, depois, quanto aos documentos essenciais do processo, um conjunto de exigências de publicidade. Os documentos apresentados pelo devedor ficam patentes na secretaria judicial para consulta pelos credores durante todo processo [cfr. art. 17.º-C, n.º 3, al. *b*)]. O despacho de nomeação do administrador judicial provisório é publicado no portal Citius e sujeito a outros requisitos de publicidade (cfr. art. 17.º-D, n.º 2, e arts. 37.º e 38.º, *ex vi* do art. 17.º-C, n.º 4). A lista de credores é objecto de publicação no portal Citius (cfr. art. 17.º-D, n.º 3).

6.6. Contraditório

Algumas características processuais como a informalidade e a celeridade não excluem – nem poderiam excluir – a presença de diversos mecanismos tendentes a assegurar a realização do contraditório.

Entre as garantias do contraditório contam-se, por exemplo, os poderes dos credores de impugnar a lista provisória de créditos (cfr. art. 17.º-D, n.º 3), de se opor ao plano, de requerer a não homologação do plano (cfr. art. 216.º, *ex vi* do art. 17.º-F, n.º 5) e de impugnar a decisão judicial de homologação do plano de recuperação.

6.7. Celeridade

Esta não é – já se disse categoricamente – a característica mais importante do PER (ou de qualquer outro processo). O que se passa é que ela é, sem dúvida, a mais visível e, por isso, tem sido hiperbolizada.

Na lei são, efectivamente, muito numerosos os apelos à celeridade, dando até, por vezes, origem a pleonasmos. Se não veja-se algumas afirmações directamente recolhidas da lei.

–   O PER tem carácter *urgente* (cfr. art. 17.º-A, n.º 3).
–   Munido da declaração exigida para o início do processo, o devedor deve, *de imediato*, adoptar determinados procedimentos (cfr. art. 17.º-C, n.º 3).
–   A nomeação do administrador judicial provisório é *imediata* [cfr. art. 17.º-C, n.º 3, al. *a*)].
–   A notificação do despacho de nomeação do administrador judicial provisório ao devedor é *imediata* (cfr. art. 17.º-C, n.º 4).
–   *Logo que* seja notificado do despacho devedor deve *de imediato* comunicar aos seus credores que deu início às negociações (cfr. art. 17.º-D, n.º 1).
–   O prazo para a reclamação de créditos é de vinte dias a contar da publicação do despacho de nomeação do administrador judicial provisório (cfr. art. 17.º-D, n.º 2) e o prazo para a elaboração da lista provisória de créditos é de cinco dias a contar do fim do prazo para a reclamação (cfr. art. 17.º-D, n.º 2).

- A lista provisória de créditos é *imediatamente* apresentada na secretaria do tribunal e publicada no portal Citius (cfr. art. 17.º-D, n.º 3).
- O prazo para a impugnação de créditos é de cinco dias a contar da publicação da lista provisória (cfr. art. 17.º-D, n.º 3) e o prazo para a decisão das impugnações é de cinco dias a contar do fim do prazo para as impugnações (cfr. art. 17.º-D, n.º 3).
- Não sendo impugnada, a lista provisória de créditos converte-se *de imediato* em lista definitiva (cfr. art. 17.º-D, n.º 3).
- O prazo para as negociações é de dois meses a contar do fim do prazo para as impugnações, prorrogável por uma só vez por um só mês (cfr. art. 17.º-D, n.º 5).
- Havendo aprovação unânime, o plano é *de imediato* remetido ao processo para homologação, produzindo tal plano em caso de homologação *de imediato* os seus efeitos (cfr. art. 17.º-F, n.º 1).
- O prazo para a decisão sobre a homologação do plano é até dez dias depois da recepção, pelo juiz, dos elementos relativos à aprovação do plano (cfr. art. 17.º-F, n.º 4).
- No caso de não aprovação do plano a insolvência deve ser declarada no prazo de três dias úteis (cfr. art. 17.º-G, n.º 3).

Apesar de tudo, termina-se este capítulo como se começou, para que o princípio jamais se perca de vista: a celeridade não é a característica mais importante nem do PER nem de qualquer processo e não deve, portanto, ser absolutizada.

II. Questões jurisprudenciais com relevo dogmático

1. A propósito do despacho "de abertura" (*rectius*: de nomeação do administrador judicial provisório)

1.1. É admissível o PER de pessoas singulares?

Bibliografia

CATARINA SERRA,
– *O regime português da insolvência* (5.ª edição), Coimbra, Almedina, 2012.
– "Processo especial de revitalização – contributos para uma 'rectificação'", in: *Revista da Ordem dos Advogados*, 2012, p. 715 e s.
– "O processo especial de revitalização – Balanço das alterações introduzidas em 2012 e 2015", in: *Actas da Conferência "Acção Executiva e Insolvência: as Reformas em Discussão"*, Centro de Investigação em Estudos Jurídicos do Instituto Politécnico de Leiria, 2016, pp. 51 e s. (disponível em https://iconline.ipleiria.pt/handle/10400.8/2222).

Não impondo as normas dos arts. 17.º-A e s. quaisquer condicionamentos ao disposto na norma do art. 2.º, é esta última, como se disse atrás, irrestritamente aplicável ao PER.

Todas as normas que compõem a disciplina do PER se referem, de resto, indistintamente, ao "devedor". Na norma art. 1.º, n.º 2, que apresenta o PER, dispõe-se, logo a abrir, que "[e]stando em situação económica difícil, ou em situação de insolvência iminente, *o devedor* pode requerer ao tribunal a instauração de um processo especial de revitalização (...)". E na norma do art. 17.º-A, n.º 2, diz-se mesmo que o processo "pode ser utilizado por *todo o devedor* que, mediante declaração escrita e assinada, ateste que reúne as condições necessárias para a sua recuperação". Devem, portanto, considerar-se abrangidos todos os sujeitos passivos da declaração de insolvência, ou seja, as pessoas, singulares ou jurídicas, titulares ou não de empresa, bem como os patrimónios autónomos.

O entendimento exposto não é, contudo, absolutamente pacífico.

Numa primeira fase – é verdade –, foi consensual que o PER se aplicava a qualquer devedor, registando-se, de facto, um número significativo de processos de não empresários. Nalguns casos houve recurso aos tribunais superiores mas sem que a questão da sua admissibilidade tivesse sido posta em causa.

- Na jurisprudência, veja-se, só para três exemplos, o Ac. do TRP de 15.11.2012, Proc. 1457/12.2TJPRT-A.P1 (Relator: JOSÉ AMARAL), o Ac. do TRP de 14.05.2013, Proc. 1172/12.7TBMCN.P1 (Relator: VIEIRA E CUNHA), e o Ac. do TRP de 1.12.2014, Proc. 503/14.0TBVFR.P1 (Relator: CAIMOTO JÁCOME).

Mas quase três anos depois da sua criação surgiu a dúvida sobre se o PER seria, de facto, aplicável às pessoas singulares que não fossem titulares de uma empresa. A discussão instalou-se na doutrina e, principalmente, na jurisprudência, sendo que, em mais do que uma ocasião, chegaram a ser proferidas, no mesmo dia e no mesmo tribunal, decisões em sentido oposto.

- Na jurisprudência, veja-se, por um lado, em 10 de Setembro de 2015, as decisões do TRE no Proc. 979/15.8TBSTR.E1 (Relator: ABRANTES MENDES), no Proc. 531/15.8T8STR.E1 (Relator: SÍLVIO SOUSA) e no Proc. 1234/15.9T8STR.E1 (Relatora: ELISABETE VALENTE) e, por outro lado, em 9 de Julho de 2015, as decisões do mesmo tribunal no Proc. 718/15.3TBSTR.E1 (Relator: SILVA RATO) e no Proc. 1518/14.3T8STR. E1 (Relator: CONCEIÇÃO FERREIRA).

A tese da inaplicabilidade às pessoas singulares não titulares de empresas tem na sua base a convicção de que a recuperabilidade do devedor é indissociável da titularidade de uma empresa, logo o PER não faz sentido relativamente às pessoas singulares que não sejam comerciantes ou empresárias[29].

---

[29] Na doutrina, veja-se, sustentando esta tese, LUÍS CARVALHO FERNANDES / JOÃO LABAREDA (*Código da Insolvência e da Recuperação de Empresas Anotado. Sistema de Recuperação de Empresas*

II. QUESTÕES JURISPRUDENCIAIS COM RELEVO DOGMÁTICO

Esta tese assenta em dois grandes argumentos que estão bem sintetizados em vários acórdãos e, em particular, naquele que foi o primeiro acórdão do STJ sobre a matéria – o Ac. de 10.12.2015, Proc. 1430/15.9T8STR.E1.S1 (Relator: PINTO DE ALMEIDA).

Trata-se, em primeiro lugar, do argumento do fim visado pelo legislador, manifestado nos textos acessórios e nos trabalhos preparatórios da lei, e, em segundo lugar, do argumento da desnecessidade da extensão do benefício do PER às pessoas singulares não titulares de empresas.

– Na jurisprudência, veja-se, apresentando, em geral, os dois argumentos para recusar a aplicabilidade do PER às pessoas singulares não titulares de empresas, além do (já referido) Ac. do STJ de 10.12.2015, Proc. 1430/15.9T8STR.E1.S1 (Relator: PINTO DE ALMEIDA), o Ac. do STJ de 27.10.2016, Proc. 381/16.4T8STR.E1.S1 (Relator: FERNANDES DO VALE), o Ac. do STJ de 18.10.2016, Proc. 65/16.3T8STR.E1.S1 (Relator: JÚLIO GOMES), o Ac. do STJ de 21.06.2016, Proc. 3377/15.0T8STR. E1.S1 (Relatora: ANA PAULA BOULAROT), o Ac. do STJ de 12.04.2016, Proc. 531/15.8T8STR.E1.S1 (Relator: SALRETA PEREIRA), o Ac. do STJ de 5.04.2016, Proc. 979/15.8T8STR.E1.S1 (Relator: JOSÉ RAÍNHO), o Ac. do TRL de 20.09.2016, Proc. 26506/15.9T8SNT-A.L1-7 (Relatora: CRISTINA COELHO), o Ac. do TRL 28.04.2016, Proc. 2583/15.1T8SNT. L1-2 (Relator: SOUSA PINTO), o Ac. do TRL de 21.04.2016, Proc. 2238/16.0T8SNT.L1-2 (Relatora: ONDINA CARMO ALVES), o Ac. do TRL de 21.04.2016, Proc. 2238/16.0T8SNT.L1-2 (Relator: JORGE LEAL), o Ac. do TRL de 7.04.2016, Proc. 31511-15.2T8LSB.L1-6 (Relatora: TERESA SOARES), o Ac. do TRL de 24.11.2015, Proc. 22219/15.0T8SNT-1 (Relator: AFONSO HENRIQUE), o Ac. do TRP de 13.09.2016, Proc. 1224/16.4T8VNG.P1 (Relator: VIEIRA E CUNHA), o Ac. do TRP de 28.06.2016, Proc. 1189/16.2T8STS.P1 (Relator: TOMÉ RAMIÃO), o Ac. do TRP de 21.04.2016, Proc. 356/16.3T8STS.P1 (Relator: FILIPE CAROÇO), o Ac. do TRP de 19.04.2016, Proc. 788/15.4T8AMT.P1 (Relatora: ANA

por Via Extrajudicial (SIREVE) Anotado. Legislação Complementar, cit., p. 140, e PAULO OLAVO CUNHA, "Os deveres dos gestores e dos sócios no contexto da revitalização de sociedades", in: CATARINA SERRA (coord.), II Congresso do Direito da Insolvência, Coimbra, Almedina, 2014, pp. 220-221.

Lucinda Cabral), o Ac. do TRP de 12.10.2015, Proc. 1304/15.3T8STS.P1 (Relatora: Isabel São Pedro Soeiro), o Ac. do TRP de 23.06.2015, Proc. 1243/15.8T8STS.P1 (Relator: Pedro Martins), o Ac. do TRP de 23.02.2015, Proc. 3700/13.1TBGDM.P1 (Relator: José Eusébio de Almeida), o Ac. do TRC de 15.12.2016, Proc. 2525/16.7T8LRA.C1 (Relator: Maria Domingas Simões), o Ac. do TRC de 13.09.2016, Proc. 1801/16.3T8LRA.C1 (Relator: Fernando Monteiro), o Ac. do TRC de 13.07.2016, Proc. 655/16.4T8LRA.C1 (Relator: Falcão de Magalhães), o Ac. do TRG de 13.10.2016, Proc. 10411/15.1T8VNF.G1 (Relator: Espinheira Baltar), o Ac. do TRG de 25.02.2016, Proc. 2588/15.2T8GMR.G1 (Relator: Francisco Xavier), o Ac. do TRE de 6.10.2016, Proc. 428/16.4T8STB.E1 (Relator: Tomé Ramião), o Ac. do TRE de 16.06.2016, Proc. 1157/16.4TBSTR.E1 (Relator: Silva Rato), o Ac. do TRE de 30.01.2016, Proc. 668/16.6T8OLH-A.E1 (Relator: Sílvio Sousa), o Ac. do TRE de 21.01.2016, Proc. 1279/15.9T8STR.E1 (Relator: Mário Serrano), o Ac. do TRE de 10.09.2015, Proc. 979/15.8TBSTR.E1 (Relator: Abrantes Mendes), o Ac. do TRE de 10.09.2015, Proc. 531/15.8T8STR.E1 (Relator: Sílvio Sousa), e o Ac. do TRE de 9.06.2015, Proc. 718/15.3TBSTR.E1 (Relator: Silva Rato).

Evoca-se precisamente, por um lado, a Resolução do Conselho de Ministros n.º 11/2012, de 19 de Janeiro, que cria o Programa Revitalizar e associa expressamente o PER, no seu preâmbulo, à "revitalização de empresas", bem como os trabalhos preparatórios da Lei n.º 16/2012, de 20 de Abril, que cria o PER (designadamente a Exposição de Motivos da Proposta de Lei n.º 39/ XII, de 30 de Dezembro de 2011, que a antecede) e se refere expressamente à "manutenção do devedor no giro comercial", ao "combate ao 'desaparecimento' de agentes económicos" e ao "empobrecimento do tecido económico português". Tais referências revelariam o fim visado pelo legislador e, assim, com base no elemento histórico e no elemento teleológico (revelado pelo primeiro), se justificaria uma interpretação restritiva da lei.

Alega-se, por outro lado, que o plano de pagamentos aos credores, regulado nos arts. 251.º e s., permite a realização de fins semelhantes aos do PER (a obtenção de um plano do mesmo tipo) e é o instrumento próprio para resolver os casos das pessoas singulares não empresárias.

II. QUESTÕES JURISPRUDENCIAIS COM RELEVO DOGMÁTICO

Analisados os argumentos, conclui-se que eles suscitam fortes reservas.

Quanto aos trabalhos preparatórios, que tão essenciais parecem ser para a dilucidação da *mens legislatoris*, deve esclarecer-se que nenhuma das referências preclude a inclusão das pessoas singulares não empresárias. Uma das referências é, aliás, ao "tecido *económico*" e não ao tecido empresarial, como impropriamente já se disse. Outra das referências é aos "agentes económicos". Ora, os agentes económicos (sujeitos que fazem parte do tecido económico) não se circunscrevem às empresas. Na generalidade das definições de pendor económico, eles são todos os indivíduos, instituições ou conjuntos de instituições que, através das suas decisões e acções, tomadas racionalmente, intervêm num qualquer circuito económico, tendo funções diferenciadas (de produção, de consumo ou de investimento) e estabelecendo entre si relações económicas essenciais. Não se vê, assim, como pode considerar-se que um trabalhador por conta de outrem está fora da qualificação.

Há – é certo – referências às empresas nos trabalhos preparatórios. Mas isso demonstra (apenas) que o legislador se concentrou nas empresas para explicar as intervenções legislativas, o que, quando muito, constitui um indício de que a sua preocupação dominante é a recuperação das empresas. Não autoriza, todavia, a supor que a sua vontade foi a de vedar o PER aos sujeitos restantes. Se fosse essa, de facto, a sua vontade, poderia facilmente tê-lo dito – tê-lo-ia seguramente dito – e na própria lei. Se fosse essa, de facto, a sua vontade, nunca teria recorrido a uma fórmula geral tão abrangente ("devedor") nem se teria referido, numa das normas, a "todo o devedor". Por outras palavras, os actos definitivos do legislador (o texto da lei) sugerem que sua concentração inicial nas empresas não foi deliberada.

Quanto ao argumento da desnecessidade, aduzido, por vezes, com alguma displicência, ele não pode proceder. É verdade que o plano de pagamentos é, como o PER, dirigido à elaboração de um acordo entre o devedor e os seus credores. Contudo, e sem pôr em causa as vantagens que o plano de pagamentos representa, o que o distingue do PER é absolutamente decisivo.

Em primeiro lugar, o plano de pagamentos foi concebido para se aplicar às situações de insolvência e não de pré-insolvência, sendo aplicável à insolvência iminente a título meramente secundário (a insolvência iminente é insolvência por equiparação).

Em segundo lugar, e mais importante, por mais que se diga que o plano de pagamentos permite evitar a tramitação do processo de insolvência, a verdade é que ele não dispensa – antes pressupõe – a declaração de insolvência. Ora, a inexistência de uma declaração de insolvência e a possibilidade de o sujeito se eximir aos efeitos desta declaração é, sem dúvida, o maior atractivo do PER. É por esta razão que, na perspectiva dos titulares de empresas, o PER é um *majus* relativamente ao processo de insolvência. Se assim não fosse poderia considerar-se que os titulares de empresas também já estavam "servidos" com os instrumentos do processo de insolvência (o plano de insolvência para os titulares de grandes empresas e o plano de pagamentos para os titulares de pequenas empresas). O PER não serviria, pois, os interesses de ninguém.

Mesmo que se reconheça que a recuperação (ou a revitalização) do tecido empresarial português é, justificadamente, uma prioridade do legislador, não se encontra razão para uma disparidade tão grande entre o quadro de instrumentos de recuperação disposto para os titulares de empresas e o disposto para as pessoas singulares não empresárias. Os titulares de empresas dispõem já de uma via extraordinária para a recuperação – o SIREVE. Este é, indiscutivelmente, um instrumento exclusivamente pensado para as empresas, como decorre, desde logo, do seu nome e da escolha do IAPMEI para a condução do procedimento.

Reitera-se, assim, a posição manifestada antes: o PER é irrestritamente aplicável a todos os devedores, devendo considerar-se abrangidos todos os sujeitos, empresários ou não empresários[30]. É esta, no essencial, também a posição dominante da doutrina e, não obstante o movimento uniforme do

---

[30] Cfr. CATARINA SERRA, "Processo especial de revitalização – contributos para uma 'rectificação'", in: *Revista da Ordem dos Advogados*, 2012, II/III, p. 716 (nota 2), e *O regime português da insolvência* (5.ª edição), Coimbra, Almedina, 2012, p. 176.
Cfr., por exemplo, ISABEL ALEXANDRE, "Efeitos processuais da abertura do processo de revitalização", cit., pp. 235-236, Fátima Reis Silva, *Processo Especial de Revitalização – Notas Práticas e Jurisprudência Recente*, cit., pp. 20-21, NUNO SALAZAR CASANOVA / DAVID SEQUEIRA DINIS, *O processo especial de revitalização – Comentários aos artigos 17.º-A a 17.º-I do Código da Insolvência e da Recuperação de Empresas*, Coimbra, Coimbra Editora, 2014, pp. 13-14, PAULO DE TARSO DOMINGUES, "O processo especial de revitalização aplicado às sociedades comerciais", in: CATARINA SERRA (coord.), *I Colóquio do Direito da Insolvência de Santo Tirso*, Coimbra, Almedina, 2014, p. 15.

Supremo Tribunal de Justiça, a que ainda é sustentada nalgumas decisões dos tribunais superiores.

– Na jurisprudência, veja-se, preconizando *expressis verbis* a aplicabilidade do PER às pessoas singulares não titulares de empresas (não comerciantes ou não empresárias), o Ac. do TRP de 16.12.2015, Proc. 2112/15.7T8STS.P1 (Relator: FERNANDO SAMÕES), o Ac. do TRC de 13.07.2016, Proc. 2970/16.8T8CBR.C1 (Relator: JORGE ARCANJO), o Ac. do TRC de 7.04.2016, Proc. 3876/15.3T8ACB.C1 (Relator: JORGE ARCANJO), o Ac. do TRC de 30.06.2015, Proc. 1687/15.5T8CBR-C.C1 (Relator: FONTE RAMOS), o Ac. do TRE de 10.09.2015, Proc. 1234/15.9T8STR.E1 (Relatora: ELISABETE VALENTE), o Ac. do TRE de 9.07.2015, Proc. 1518/14.3T8STR.E1 (Relatora: CONCEIÇÃO FERREIRA), e o Ac. do TRE de 5.11.2015, Proc. 371/15.4T8STR.E1 (Relatora: ALEXANDRA MOURA SANTOS).

Os dados entretanto coligidos quanto ao número de casos – e de casos bem-sucedidos – de PER no âmbito de pessoas singulares não titulares de empresas dão força a esta tese, permitindo confirmar não só a aptidão ou a adequação do instrumento para a resolução da pré-insolvência (também) das pessoas singulares não empresárias como a sua indiscutível utilidade para o efeito.

Atendendo a tudo o que fica exposto, dir-se-ia que, enquanto não sobrevier uma norma expressamente excluindo as pessoas singulares não titulares de empresa, não deverá haver dúvidas sobre que o PER se lhes aplica[31].

---

[31] Tendo em consideração a Proposta de Directiva do Parlamento Europeu e do Conselho de 22 de Novembro de 2016, relativa aos quadros jurídicos em matéria de reestruturação preventiva, à concessão de uma segunda oportunidade e às medidas destinadas a aumentar a eficiência dos processos de reestruturação, insolvência e quitação, e que altera a Diretiva 2012/30/EU, é previsível que uma tal norma venha a ser criada num futuro próximo. Com efeito, a Proposta de Directiva concentra-se nas empresas e circunscreve, aparentemente, a função dos processos pré-insolvenciais à reestruturação empresarial. Deve, no entanto, antecipar-se que, pelas razões aduzidas, a exclusão das pessoas singulares não titulares de empresas só será compreensível se for acompanhada de medidas tendentes a disponibilizar um novo instrumento para a resolução da pré-insolvência das pessoas singulares.

1.2. É admissível a coligação de devedores?

Bibliografia

CATARINA SERRA,
– "Grupos de sociedades: crise e revitalização", in: CATARINA SERRA (coord.), *I Colóquio de Direito da Insolvência – Santo Tirso*, Coimbra, Almedina, 2014, pp. 35 e s.
– "Revitalização no âmbito de grupos de sociedades", in: *III Congresso – Direito das Sociedades em Revista*, Coimbra, Almedina, 2014, pp. 467 e s.

Já houve ocasião de desenvolver o tema da coligação de devedores no âmbito do PER em duas intervenções públicas[32], pelo que se dirá apenas, a abrir, que a resposta tende a ser afirmativa no que toca aos dois grupos de casos mais "flagrantes", ou em que mais imediatamente se pensa quando se põe a questão: o dos cônjuges casados em regime que não o da separação de bens e, sobretudo, o das sociedades em relação de grupo ou de domínio (o chamado "PER de grupos").

A questão não tem ainda sido objecto de grande atenção por parte da doutrina mas já há conhecimento de, pelo menos, uma opinião contrária, com base na ideia de que "mesmo em caso de empresas em relação de grupo [...] as especificidades próprias do procedimento [ou seja, do PER] não permitem nem a coligação inicial activa de devedores, nem a apensação dos respectivos processos" e que "[a] coligação activa de devedores não é permitida, sequer, para processos de insolvência, não havendo qualquer outra regra aplicável a este caso"[33].

Face a esta última opinião, é de perguntar, em primeiro lugar: quais são as (estas) especificidades próprias do PER que tornam impraticável a coligação?

Se o voluntarismo do PER afasta, com efeito, a possibilidade de apensação (prevista para ambos os casos dos n.ºs 1 e 2 do art. 86.º), por ela depender de requerimento do administrador judicial provisório, já o mesmo não pode dizer-se quando está em causa a apresentação conjunta de devedores, que é sempre voluntária.

---

[32] Primeiro, no III Congresso de Direito das Sociedades em Revista, realizado em Lisboa nos dias 4 e 5 de Abril de 2014, e, mais tarde, no Colóquio de Direito da Insolvência, realizado nos dias 23 e 24 de Maio, em Santo Tirso.
[33] Cfr. FÁTIMA REIS SILVA, *Processo especial de revitalização – Notas práticas e jurisprudência recente*, cit., p. 23 (interpolação nossa).

II. QUESTÕES JURISPRUDENCIAIS COM RELEVO DOGMÁTICO

É de advertir, em segundo lugar, para a impossibilidade de se usar aqui o argumento *a maiori ad minus* que a autora parece convocar quando utiliza a expressão "sequer". É verdade que a coligação activa das sociedades em relação de grupo ou de domínio não é permitida no processo de insolvência. Mas por que deveria ser necessariamente assim no âmbito do PER?

Da inexistência de uma regra especial do processo de insolvência aplicável às sociedades em relação de grupo ou de domínio não pode retirar-se a conclusão da inexistência *em absoluto* de uma regra aplicável. Por outras palavras: do silêncio da lei quanto à coligação no âmbito do processo de insolvência não pode inferir-se uma regra geral de inadmissibilidade de coligação. Existem várias normas no Direito (subsidiário) processual civil, designadamente no regime geral da coligação, cuja aplicabilidade teria de ser excluída para que aquela conclusão pudesse proceder.

Visivelmente, esta advertência é válida apenas para os casos das sociedades em relação de grupo ou de domínio, já que, como se sabe, a coligação activa de cônjuges no processo de insolvência está expressamente contemplada na norma do art. 264.º, n.º 1. Diversamente do que sucede com a norma do art. 86.º, não há razões que afastem a aplicação analógica da norma, tornando-se por esta via admissível a apresentação conjunta dos cônjuges ao PER.

– À jurisprudência dos tribunais superiores começa a chegar o problema da apresentação conjunta dos cônjuges ao PER.
Veja-se, por exemplo, o Ac. do TRE de 9.07.2015, Proc. 718/15.3TBS-TR.E1 (Relator: SILVA RATO), onde se faz referência a uma decisão de primeira instância em que o juiz se pronuncia pela inadmissibilidade de coligação inicial activa dos cônjuges no âmbito do PER.
Veja-se ainda o Ac. do TRE de 10.09.2015, Proc. 531/15.8T8STR.E1 (Relator: SÍLVIO SOUSA). Na decisão recorrida havia sido afirmada a inadmissibilidade de coligação activa inicial dos cônjuges tanto no processo de insolvência – surpreendentemente, diga-se, atendendo à clareza do art. 264.º, n.º 1 – como no PER. O tribunal *ad quem* acabou, contudo, por não conhecer a questão, que ficou prejudicada pela decisão sobre a parte anterior do recurso.
A decisão mais importante até ao momento é, sem dúvida, a contida no Ac. do TRE de 5.11.2015, Proc. 371/15.4T8STR.E1 (Relatora:

ALEXANDRA MOURA SANTOS), em que se preconiza a aplicação analógica do art. 264.º ao PER. Diz-se aí que "[p]revendo o artº 264º, nº 1, do CIRE a coligação activa dos cônjuges em sede de processo de insolvência, ao estabelecer que ‹*incorrendo marido e mulher em situação de insolvência e não sendo o regime de bens o da separação, é lícito aos cônjuges apresentarem-se conjuntamente à insolvência (...)*›, deverá aplicar-se o mesmo regime ao PER por inexistirem quaisquer razões que a excluam".

Ora, a verdade é que não falta (tão-pouco falta) um suporte ou fundamento legal para a coligação nos casos de sociedades em relação de grupo ou de domínio. Trata-se do disposto na norma do art. 36.º do CPC. Dela e de toda a disciplina geral da coligação (designadamente do art. 37.º, n.º 2, do CPC) resulta que são admissíveis casos de "coligação conveniente"[34], isto é, casos em que a coligação é bem acolhida porque por via dela se atinge uma vantagem que sem ela não se conseguiria.

Nem é preciso enumerar as vantagens da coligação no caso de processos de recuperação de sociedades em relação de grupo ou domínio. Quando as sociedades em causa operam em grupo (tal como quando os cônjuges são titulares de um património comum), é natural e lógico que haja uma intervenção articulada, sob pena de não se alcançar, de facto, o propósito da recuperação de cada uma das sociedades (tal no caso dos cônjuges o da superação da situação patrimonial de cada um).

Ao contrário do que se possa pensar, a divergência de soluções, ou seja, a admissibilidade de coligação dos processos de sociedades em relação de grupo ou de domínio no âmbito do PER não obstante a sua inadmissibilidade no âmbito do processo de insolvência, não é de todo injustificada. Entre o processo de insolvência e o PER existem numerosas diferenças que explicam – exigem mesmo – tal diversidade. Destaca-se o facto de o PER ser não um processo de tipo liquidatório mas sim um processo invariavelmente vocacionado para a recuperação e ainda o facto de o devedor manter os poderes de administração e disposição sobre os seus bens. A hipótese de coligação no

---

[34] Adapta-se aqui a fórmula "litisconsórcio conveniente" que usa MIGUEL TEIXEIRA DE SOUSA (*As partes, o objecto e a prova na acção declarativa*, Lisboa, Lex, 1995, p. 64) para se referir aos casos em que o litisconsórcio representa uma vantagem que não se poderia obter sem a pluralidade de partes.

PER não é susceptível de se deparar, portanto, com as mesmas dificuldades ao nível da administração e da liquidação de patrimónios com que se depara no processo de insolvência.

Que não se contra-argumente dizendo que, em certas circunstâncias, o PER se converte em processo de insolvência.

Em primeiro lugar, em circunstância nenhuma há uma rigorosa convolação dos processos. Como haverá ocasião de explicitar, o juiz limita-se a encerrar o PER e é aberto um novo processo (de insolvência) ou retomado o processo (de insolvência) suspenso.

Em segundo lugar, desde que se observem certos cuidados, não há impedimento a que um PER relativo a um grupo de sociedades se desdobre em tantos processos de insolvência quanto as sociedades envolvidas em situação de insolvência.

É certo que a solução suscita questões práticas quanto à orgânica e à tramitação do processo único. As questões já foram abordadas com certo desenvolvimento no âmbito da coligação de processos de sociedades em relação de grupo, pelo que aqui se traçará brevemente apenas algumas linhas orientadoras[35].

Em primeiro lugar, a coligação deve ser activa e voluntária, isto é, só pode ocorrer por apresentação espontânea. De facto, o PER inicia-se invariavelmente por vontade do devedor (cfr. art. 17.º-C, n.º 1). Acresce que, como dizia José Alberto dos Reis, "[a] coligação é um *direito*, não é uma obrigação do autor"[36].

Para determinar o tribunal competente, deverá adoptar-se o critério do factor determinante, excepto quando para algum dos processos seja competente tribunal de competência especializada (hipótese em que este último prevalecerá). A acção é, assim, em princípio, proposta no tribunal competente para declarar a insolvência da sociedade-mãe (nos termos do art. 7.º, o tribunal da sede ou do domicílio da sociedade-mãe ou o tribunal do lugar onde ela tenha o centro dos seus principais interesses).

---

[35] Cfr. CATARINA SERRA, "Revitalização no âmbito de grupos de sociedades", in: *III Congresso – Direito das Sociedades em Revista*, Coimbra, Almedina, pp. 467 e s., e "Grupos de sociedades: crise e revitalização", in: CATARINA SERRA (coord.), *Colóquio Direito da Insolvência*, Coimbra, Almedina, pp. 35 e s.

[36] Cfr. JOSÉ ALBERTO DOS REIS, *Comentário ao Código de Processo Civil*, vol. 1.º, Coimbra, Coimbra Editora, 1960, p. 44.

Por razões óbvias, deverá ser nomeado apenas um administrador judicial provisório (o "administrador do grupo"). Isto não obstante a consciência de que, presumivelmente, este não será – não terá condições para ser – tão neutro ou independente como o administrador habitual e sendo provável que se depare com várias situações de conflito de interesses (como acontecerá, por exemplo, na hipótese de acções de responsabilidade civil e de obrigações de restituição intragrupo).

Poderá ser elaborada uma lista de créditos única mas, neste caso, caberá, desde o início, ao administrador tomar os devidos cuidados aquando da elaboração da lista provisória. Ele deverá, designadamente, indicar a sociedade devedora a que respeita cada crédito. Esta é a solução mais ajustada à hipótese de o PER ser encerrado sem aprovação de plano de recuperação e (só) uma ou algumas das sociedades do grupo serem declaradas insolventes. Nos termos do art. 17.º-G, n.º 7, a lista definitiva de créditos deverá poder valer no processo de insolvência de cada uma das sociedades quanto aos créditos já reclamados e aí contidos.

Quanto à aprovação do plano de recuperação, tudo depende daquilo que se estiver disposto a admitir quanto ao número de planos (unidade / pluralidade de planos). Se se admitir somente a possibilidade de coordenação de planos, a votação de cada plano não porá especiais problemas. A segunda hipótese, mais arrojada, é a de o plano ser comum a todas as sociedades – ser um verdadeiro plano de recuperação do grupo. Neste último caso, a votação será conjunta, calculando-se o quórum deliberativo, nos termos do art. 212.º, n.º 1, por referência ao universo de credores de todas as sociedades.

A hipótese de plano único é aquela que leva às últimas consequências a unidade processual. E a votação conjunta é uma sua decorrência lógica. Efectivamente, existindo um plano do grupo, não admitir a votação conjunta significaria correr o risco de o plano não ser aprovado relativamente a alguma ou algumas das sociedades e de assim ficar comprometido o propósito da recuperação do grupo. De qualquer forma, quando o plano tenha sido concebido para as várias sociedades – e a pensar nas várias sociedades –, o não envolvimento, a final, de alguma ou algumas delas afectará necessariamente a sua exequibilidade.

No caso de votação conjunta deverão observar-se também especiais cuidados, designadamente com vista a evitar a duplicação ou multiplicação de votos

II. QUESTÕES JURISPRUDENCIAIS COM RELEVO DOGMÁTICO

na eventualidade – que será frequente – de alguns dos créditos respeitarem, quer a título principal quer no âmbito das garantias prestadas, a mais do que uma sociedade.

1.3. É admissível o "indeferimento liminar" do "pedido"?

Bibliografia
CATARINA SERRA,
– *O regime português da insolvência* (5.ª edição), Coimbra, Almedina, 2012.
– "Entre o princípio e os princípios da recuperação de empresas (um *work in progress*)", in: CATARINA SERRA (coord.), *II Congresso de Direito da Insolvência*, Coimbra, Almedina, 2014, pp. 69 e s.

Embora a lei não preveja expressamente casos de indeferimento liminar, é inevitável admiti-los, sendo identificáveis três grupos de casos.

Diga-se, antes de mais, que, em qualquer deles, o despacho "de indeferimento" é susceptível de recurso, pelo devedor, nos termos gerais [cfr. art. 14.º do CIRE e art. 644.º, n.º 1, al. *a*), do CPC][37]. Isto em contraste com o despacho de nomeação do administrador judicial provisório, que não parece, de facto, ser recorrível uma vez que não tem vencidos[38].

– Na jurisprudência, veja-se, sobre a irrecorribilidade do despacho de nomeação do administrador judicial provisório, o Ac. do TRP de 15.11.2012, Proc. 1457/12.2TJPRT-A.P1 (Relator: JOSÉ AMARAL).

Diga-se, por outro lado, que o indeferimento não sujeita o devedor à "quarentena" de dois anos, determinada no art. 17.º-G, n.º 6.

Quanto aos casos de "indeferimento", em primeiro lugar, surgem os casos em que não estão preenchidos os requisitos formais (em que, por exemplo,

---

[37] Cfr. também neste sentido, Luís CARVALHO FERNANDES / JOÃO LABAREDA, *Código da Insolvência e da Recuperação de Empresas anotado. Sistema de Recuperação de Empresas por Via Extrajudicial (SIREVE) Anotado. Legislação Complementar*, cit., p. 151.

[38] Cfr. também neste sentido, Luís CARVALHO FERNANDES / JOÃO LABAREDA, *Código da Insolvência e da Recuperação de Empresas anotado. Sistema de Recuperação de Empresas por Via Extrajudicial (SIREVE) Anotado. Legislação Complementar*, cit., p. 151. Cfr., em sentido oposto, ISABEL ALEXANDRE, "Efeitos processuais da abertura do processo de revitalização", cit., p. 241.

o devedor não observa os requisitos exigidos pelo art. 17.º-C, n.º 1 e 2, para o "pedido" ou não o instrui com os documentos legalmente exigidos pelo art. 24.º mesmo depois de um convite ao aperfeiçoamento)[39]. Quando os vícios sejam sanáveis é, com efeito, razoável admitir que haja lugar a um convite ao aperfeiçoamento, ao abrigo do art. 27.º, n.º 1, al. *b)*, que é aplicável ao PER.

Em segundo lugar, surgem os casos em que existe um facto impeditivo do direito do devedor à abertura do PER. De acordo com a lei, é concebível uma única hipótese deste tipo: quando, à data da iniciativa do devedor, está em curso um processo de insolvência em que já foi declarada a sua insolvência (cfr. art. 17.º-E, n.º 6). Aqui, o juiz deverá recusar-se a promanar o despacho "de abertura". Isto independentemente de a sentença de declaração de insolvência ter transitado em julgado, sob pena de haver uma intolerável sobreposição dos efeitos de ambos os processos[40].

– Na jurisprudência, veja-se, no sentido contrário, ou seja, defendendo (implicitamente) a necessidade do trânsito em julgado da sentença de declaração de insolvência, o Ac. do TRC de 16.10.2012, Proc. 421/12.6TBTND.C1 (Relator: Carlos Moreira).

Poder-se-ia cair na tentação de dizer que esta solução – de recusa do despacho "de abertura" – abrange ainda os casos em que, não havendo declaração de insolvência, o processo de insolvência tenha sido aberto por iniciativa do devedor. Correspondendo tal apresentação a uma confissão, pelo devedor, da sua insolvência (cfr. art. 28.º), parece, de facto, que o despacho "de abertura" do PER deve ser liminarmente indeferido, desta feita por falta de um dos pressupostos materiais[41]. A verdade, todavia, é que é preciso atender à

---

[39] Cfr., também neste sentido, Luís Carvalho Fernandes / João Labareda, *Código da Insolvência e da Recuperação de Empresas anotado. Sistema de Recuperação de Empresas por Via Extrajudicial (SIREVE) Anotado. Legislação Complementar*, cit., p. 149.

[40] Como se sabe, há uma panóplia de efeitos que se produzem logo com a declaração de insolvência (cfr. arts. 36.º e 81.º e s.). Ora, como se verá, o mesmo acontece no PER quanto, por exemplo, aos chamados "efeitos processuais", que se produzem logo com a prolação do despacho "de abertura" (cfr. art. 17.º-E, n.º 1).

[41] E assim discorrem, por exemplo, Luís Carvalho Fernandes e João Labareda [*Código da Insolvência e da Recuperação de Empresas anotado. Sistema de Recuperação de Empresas por Via Extrajudicial (SIREVE) Anotado. Legislação Complementar*, cit., p. 166].

II. QUESTÕES JURISPRUDENCIAIS COM RELEVO DOGMÁTICO

situação de insolvência iminente. Esta é um fundamento da apresentação do devedor simultaneamente à insolvência e ao PER. Não pode, por isso, o juiz do PER presumir que o devedor se encontra insolvente e indeferir sem mais, cabendo-lhe, isso sim, apreciar com o máximo cuidado – com maior cuidado do que o habitual –, a situação do devedor antes de decidir sobre o "pedido".

Em terceiro e último lugar, surgem os casos em que não estão preenchidos os requisitos materiais do PER, ou seja, em que o devedor não está (manifestamente) em situação de pré-insolvência ou não é (manifestamente) susceptível de recuperação[42].

A admissibilidade do indeferimento nestes últimos casos foi uma tese adoptada em público desde o início, contrariando embora, é certo, muitos magistrados.

A tese está firmada por escrito com algum desenvolvimento[43], por isso dir-se-á apenas: não faltaria mais nada se não que existisse o dever de verificar os requisitos formais da iniciativa processual e pudesse fazer-se tábua rasa dos requisitos materiais.

Em primeiro lugar, o juiz não é e, por isso, não pode comportar-se como um mero "escriba".

---

[42] Cfr., em sentido oposto, Luís Carvalho Fernandes / João Labareda, *Código da Insolvência e da Recuperação de Empresas anotado. Sistema de Recuperação de Empresas por Via Extrajudicial (SIREVE) Anotado. Legislação Complementar*, cit., p. 151. Dizem os autores que "o tribunal não faz [...] qualquer juízo de valor sobre a situação substantiva do devedor" e que "uma vez verificados os pressupostos processuais, o despacho tem mesmo carácter vinculado não podendo o juiz deixar de proceder à nomeação". Esta posição está, todavia, em aparente contradição com o que os autores afirmam antes, para justificar a irrecorribilidade do despacho de nomeação do administrador judicial provisório. Dizem eles que "quando, pela documentação inicialmente junta pelo devedor, o juiz dê conta da inexistência de qualquer uma das situações fundamentantes do processo de revitalização [situação económica difícil ou insolvência iminente e susceptibilidade de recuperação], deve indeferir o requerimento inicial por falta de pressuposto processual insuprível" (cfr. p. 142) e que "perante o requerimento do devedor, nada mais sobr[a] ao tribunal senão mandar seguir o processo e nomear administrador provisório (...) somente quando se reúnem todos os pressupostos substantivos e processuais e o requerimento esteja completamente instruído".

[43] Cfr., por exemplo, Catarina Serra, "Entre o princípio e os princípios da recuperação de empresas (um *work in progress*)", cit., pp. 90-93.

- Na jurisprudência, veja-se literalmente neste sentido, o Ac. do TRC de 5.05.2015, Proc. 996/15.8T8CRA-A.C1 (Relator: ALEXANDRE REIS), pese embora com uma solução distinta.

O acórdão confirmou a decisão de não homologação de um plano de recuperação com fundamento, entre outros, na comprovada situação de insolvência actual do devedor e, consequentemente, na inadequação do plano para a realização do fim da recuperação.

Diz-se aí no sumário: "IV) (...) é inadmissível a acepção do juiz como um escriba a cumprir um processado apenas tendente à obtenção da 'chancela' do plano, como se não lhe competisse a indagação, interpretação e aplicação das regras de direito aos factos de que lhe cumpre conhecer – independentemente da densidade que a estes proporcione a concreta natureza do processo em questão – e, sobretudo, evitar que seja atingido um resultado que importe a violação não negligenciável de normas imperativas, por isso, proibido. V) Impende, pois, sobre o juiz, como garante da legalidade, nos termos dos arts. 17º-F, nº 5 e 215º do CIRE, o dever de sindicar o cumprimento dos requisitos aplicáveis à homologação do plano e de a recusar ao devedor insolvente ou insusceptível de recuperação económica, se tiver elementos para o considerar como tal, para assim impedir o uso abusivo do processo de revitalização e preservar a natureza e o fim com que a lei o gizou, bem como a credibilidade que a lei lhe conferiu".

Veja-se, na mesma linha, o Ac. do STJ de 3.11.2015, Proc. 1690/14.2TJC-BR.C1.S1 (Relator: JOSÉ RAÍNHO), onde se sustenta que "[s]e o processo revelar inequivocamente que o devedor se encontra numa situação de insolvência atual, o juiz deve recusar oficiosamente a homologação do plano que, ainda assim, foi aprovado". A posição foi reiterada no Ac. do STJ de 27.10.2016, Proc. 741/16.0T8LRA-A.C1.S1 (Relator: JOSÉ RAÍNHO) e é partilhada por alguns tribunais da Relação – cfr., por exemplo, o Ac. do TRG de 17.12.2015, Proc. 3245/14.2T8GMR.G1 (Relator: ANTÓNIO SANTOS).

Depois, o argumento de que ao juiz não cabe – ou não pode caber – a actividade de apreciação dos requisitos materiais do processo, baseado no elemento literal, mais precisamente na expressão "de imediato" [cfr. art. 17.º-C, n.º 3, al. *a*)], tantas vezes aduzido para demonstrar que a celeridade exclui toda e qualquer actividade judicial que implique algum tempo, não é válido[44].

– Na jurisprudência, veja-se, insistindo numa tese diferente, o Ac. do TRP de 15.11.2012, Proc. 1457/12.2TJPRT-A.P1 (Relator: JOSÉ AMARAL), o Ac. do TRG de 16.05.2013, Proc. 284/13.4TBEPS-A.G1 (Relatora: CONCEIÇÃO BUCHO), e o Ac. do TRE de 12.09.2013, Proc. 326/13.3TBS-TR.E1 (Relator: PAULO AMARAL).

Bem pelo contrário, a ausência de um prazo definido autoriza até que se dê à expressão "de imediato" um outro significado: o significado de "tão imediatamente quanto possível". Este é o único significado compatível com o disposto na CRP sobre o princípio da tutela jurisdicional efectiva e a noção de processo adequado acima referidos.

O prazo a usar pelo juiz deve, assim, corresponder a um prazo ponderado, um prazo que ele considere, em concreto, razoável tendo em conta os fins gerais do processo. Estes fins são mais e bem mais importantes do que o mero valor (processual) da celeridade, pelo que seria incompreensível que fosse de atender a este com a desconsideração dos restantes.

E a verdade é que, paulatinamente, esta é a solução vai sendo acolhida, tanto na jurisprudência como na doutrina[45].

– Na jurisprudência, veja-se, com o entendimento perfilhado, o Ac. do TRL de 16.06.2015, Proc. 811/15.2T8FNC-A.L1-7 (Relatora: GRAÇA AMARAL), o Ac. do TRC de 14.06.2016, Proc. 4023/15.7T8LRA.

---

[44] Cfr., no sentido criticado, FÁTIMA REIS SILVA, *Processo especial de revitalização – Notas práticas e jurisprudência recente*, cit., pp. 19-20 (embora admita a existência de um nível mínimo de controlo), ANA PRATA / JORGE MORAIS CARVALHO / RUI SIMÕES, *Código da Insolvência e da Recuperação de Empresas*, Coimbra, Almedina, 2013, p. 58, e NUNO SALAZAR CASANOVA / DAVID SEQUEIRA DINIS, *O processo especial de revitalização – Comentários aos artigos 17.º-A a 17.º-I do Código da Insolvência e da Recuperação de Empresas*, cit., p. 17 e p. 33.

[45] FÁTIMA REIS SILVA (*Processo especial de revitalização – Notas práticas e jurisprudência recente*, cit., p. 20) acaba por admitir o indeferimento liminar "em caso de insolvência actual comprovada" e NUNO SALAZAR CASANOVA e DAVID SEQUEIRA DINIS (*O processo especial de revitalização – Comentários aos artigos 17.º-A a 17.º-I do Código da Insolvência e da Recuperação de Empresas*, cit., p. 17 e p. 33) acabam igualmente por admiti-lo "em caso de manifesta inviabilidade do PER".

C1 (Relator: Fonte Ramos), o Ac. do TRC de 19.01.2015, Proc. 9425/15.6T8CBR.C1 (Relator: Fernando Monteiro), o Ac. do TRC de 10.07.2013, Proc. 754/13.4TBLRA.C1 (Relator: Carlos Moreira), e o Ac. do TRG de 20.02.2014, Proc. 8/14.9TBGMR.G1 (Relator: Moisés Silva).

Diz-se, por exemplo, no sumário do último: "Não pode recorrer ao PER (processo especial de revitalização) o devedor que, face ao que o próprio alega, está já em estado de insolvência, devendo ser indeferido liminarmente o respetivo pedido, para, além do mais, evitar a violação do dever de apresentação (art.º 18.º do CIRE)".

Para concluir reitera-se o que se disse em momento anterior, ou seja, que não pode aceitar-se que seja efeito da lei – a mesma lei que é fonte do Direito – a abertura de um processo pré-insolvencial quando devedor não está, de facto, pré-insolvente (seja porque já está em situação de insolvência seja porque não está ainda em situação de pré-insolvência), o que representaria a mais completa subversão dos fins do instituto.

1.4. Quais são as acções abrangidas pelo efeito impeditivo / suspensivo do despacho (e, consequentemente, pelo efeito extintivo da homologação do plano de recuperação)?

Bibliografia
Catarina Serra,
– *O regime português da insolvência* (5.ª edição), Coimbra, Almedina, 2012.
– "Revitalização – A designação e o misterioso objecto designado. O processo homónimo (PER) e as suas ligações com a insolvência (situação e processo) e com o SIREVE", in: Catarina Serra (coord.), *I Congresso de Direito da Insolvência*, Coimbra, Almedina, 2013, pp. 85 e s.
– "Mais umas "pinceladas" na legislação pré-insolvencial – Uma avaliação geral das alterações do DL n.º 26/2015, de 6 de Fevereiro, ao PER e ao SIREVE (e à luz do Direito da União Europeia)", in: *Direito das Sociedades em revista*, 2015, 13, pp. 43 e s.

A norma do art. 17.º-E, n.ºs 1 e 2, regula aquilo que pode designar-se como a disciplina dos efeitos processuais da abertura do PER e é do seguinte teor: "A decisão a que se refere a alínea a) do n.º 3 do artigo 17.º-C obsta à instauração de quaisquer ações para cobrança de dívidas contra o devedor e, durante

II. QUESTÕES JURISPRUDENCIAIS COM RELEVO DOGMÁTICO

todo tempo em que perdurarem as negociações, suspende, quanto ao devedor, as ações em curso com idêntica finalidade, extinguindo-se aquelas logo que seja aprovado e homologado plano de recuperação, salvo quando este preveja a sua continuação".

A norma determina, por conseguinte, a proibição de instauração e a suspensão (quando estejam em curso) de determinadas acções por força do despacho de nomeação do administrador judicial provisório (efeitos impeditivo e suspensivo). E determina ainda a extinção, em definitivo, das acções suspensas por força da aprovação e da homologação do plano de recuperação (efeito extintivo), salvo quando este preveja a sua continuação.

Diga-se, antes de mais, que, para os efeitos impeditivo e suspensivo se produzirem, será suficiente a prolação do despacho de nomeação do administrador judicial provisório. Excepção deve ser feita para o caso do art. 17.º-E, n.º 6, em que é expressamente exigível a sua publicação no portal Citius.

- Na jurisprudência, veja-se, com o entendimento acima indicado, o Ac. do TRG de 26.09.2013, Proc. 1530/13.0TBGMR-B.G1 (Relator: ESTELITA DE MENDONÇA).

Se, apesar do impedimento, forem propostas acções de cobrança de dívidas contra o devedor (acções novas), o tribunal deve pôr-lhes termo, absolvendo o réu da instância. Verifica-se aqui uma excepção dilatória inominada [cfr. art. 278.º, n.º 1, al. *e*), e art. 576.º, n.º 2 do CPC], que é, em princípio, de conhecimento oficioso (art. 578.º do CPC), mas não torna irrelevantes os deveres de cooperação, sobretudo de informação, que o devedor tem para com o tribunal.

- Muito importante neste contexto é a decisão do Ac. do STJ de 17.12. 2015, Proc. 845/13.1TBABF.E1.S1 (Relatora: MARIA DOS PRAZERES PIZARRO BELEZA), em que se estabelece, em primeiro lugar, que o devedor não fica dispensado de levar a pendência do PER ao conhecimento do tribunal em que seja proposta, contra si, acção para cobrança de dívidas e, em segundo lugar, que se, por causa do desconhecimento do tribunal quanto à pendência do PER, alguma acção daquele tipo for proposta e correr os seus termos, a recusa de homologação do plano de recuperação no PER faz cessar o motivo justificativo da absolvição da instância, sendo válida a decisão final aí proferida.

Se, por outro lado, estiverem pendentes acções de cobrança de dívidas (acções em curso), a sua suspensão produz-se *ope legis* [cfr. art. 269.º, n.º 1, al. *d*), do CPC]. Mais uma vez, nem por isso o devedor fica dispensado de comunicar ao tribunal a existência de um PER em curso.

Em particular no que toca ao processo de insolvência, tem-se entendido que, quando a declaração de insolvência é proferida após o despacho de nomeação do administrador judicial provisório, ela configura, em princípio, um acto inválido (nulo)[46].

– A destacar nesta matéria é a sentença do Ac. do TRG de 30.05.2013, Proc. 178/11.8TCGMR.G1 (Relator: Moisés Silva), em que se conclui, diversamente, pela validade de declaração de insolvência proferida após o despacho de nomeação do administrador judicial provisório. Também neste aresto se sublinha a necessidade de o devedor observar os deveres de cooperação e de lealdade para com o tribunal, levando ao seu conhecimento a pendência do PER. A omissão destes deveres impediria o devedor de invocar a nulidade da declaração de insolvência nela proferida, por ter sido ele quem lhe havia dado causa, devendo, por isso, tal declaração ser considerada válida apesar do disposto no n.º 1 do art. 17.º-E.

Um (outro) ponto controverso é o dos efeitos do PER quanto às acções propostas contra os garantes.

Apesar de algumas dúvidas iniciais, tem sido entendido que o despacho de nomeação do administrador judicial provisório não afecta o prosseguimento da acção quanto aos outros demandados, designadamente os garantes[47].

---

[46] Cfr., neste sentido, Luís Carvalho Fernandes / João Labareda, *Código da Insolvência e da Recuperação de Empresas anotado. Sistema de Recuperação de Empresas por Via Extrajudicial (SIREVE) Anotado. Legislação Complementar*, cit., p. 165. Apesar de tudo, é razoável esperar que o devedor leve a informação da abertura do PER aos autos em curso.

[47] Ressalvando as acções não executivas, caso em que "se justifica que a suspensão afecte todo o processo", porque "a continuação fragmentada de tais acções (...) pode convocar posteriores

II. QUESTÕES JURISPRUDENCIAIS COM RELEVO DOGMÁTICO

Favorável a esta última conclusão está, com efeito, a letra do art.17.º-E, n.º 1 ("suspende, quanto ao devedor").

– Na jurisprudência, veja-se, com este entendimento, apreciando justamente casos que envolviam garantes, o Ac. do TRC de 3.06.2014, Proc. 4541/13.1TBLRA.C1 (Relatora: CATARINA GONÇALVES), o Ac. do TRG de 17.12.2013, Proc. 1582/13.2TBVCT-A.G1 (Relator: EDGAR GOUVEIA VALENTE), o Ac. do TRE de 23.10.2014, Proc. 652/13.1TBOLH-B. E1 (Relator: PAULO AMARAL), e o Ac. do TRE de 25.09.2014, Proc. 1089/13.8TBOLH-A.E1 (Relator: MATA RIBEIRO).

O DL n.º 26/2015, de 6 de Fevereiro, veio, contudo, imprimir novo fôlego à discussão.

A revisão alterou algumas normas do DL n.º 178/2012, de 3 de Agosto, que regula o SIREVE, e tornou aplicáveis aos garantes alguns dos maiores benefícios da utilização do SIREVE, que eram antes privativos do devedor[48]. Esta extensão aos garantes modifica a posição destes sujeitos, aproximando-os do devedor sob o ponto de vista tanto dos efeitos do despacho de aceitação do requerimento de utilização do SIREVE como dos efeitos da aprovação do acordo obtido no SIREVE[49].

Mais explicitamente, os garantes beneficiam agora, ao abrigo do art. 11.º, nº 2, do DL n.º 178/2012, desde o despacho de aceitação do requerimento de utilização do SIREVE e até extinção do procedimento, do benefício denominado *"standstill"* ou *"automatic stay"*, ou seja, primeiro, da proibição de instauração, contra eles e relativamente às operações garantidas, de quaisquer acções executivas para pagamento de quantia certa ou outras acções destinadas a

---

entropias do processo", cfr. LUÍS CARVALHO FERNANDES / JOÃO LABAREDA, *Código da Insolvência e da Recuperação de Empresas anotado. Sistema de Recuperação de Empresas por Via Extrajudicial (SIREVE) Anotado. Legislação Complementar*, cit., p. 165.

[48] No domínio de aplicação do SIREVE e de acordo com a nova norma do art. 3.º, n.º 7, do DL n.º 178/2012, garantes da empresa são todas as pessoas singulares ou colectivas que tenham prestado garantias pessoais ou reais, destinadas a assegurar o cumprimento das obrigações da empresa.

[49] Cfr. CATARINA SERRA, "Mais umas "pinceladas" na legislação pré-insolvencial – Uma avaliação geral das alterações do DL n.º 26/2015, de 6 de Fevereiro, ao PER e ao SIREVE (e à luz do Direito da União Europeia)", in: *Direito das Sociedades em revista*, 2015, 13, pp. 43 e s.

exigir o cumprimento de obrigações pecuniárias e, segundo, da suspensão automática das acções do mesmo tipo que se encontrem pendentes à data da prolação do referido despacho.

Por outro lado, ao abrigo do art. 13.º, n.º 1, beneficiam ainda do efeito extintivo automático que advém da aprovação do plano de recuperação, salvo quando o mesmo preveja a manutenção da respectiva suspensão. Extinguem-se, assim, automaticamente as acções executivas para pagamento de quantia certa instauradas contra os garantes relativamente às operações garantidas, mantendo-se embora suspensas, por prejudicialidade, e salvo transacção, as acções destinadas a exigir o cumprimento de acções pecuniárias instauradas[50].

Na sequência do exposto, é possível pôr uma questão. Não haverá, a partir de agora, argumentos para inflectir o entendimento instalado quanto ao significado do art. 17.º-E? Em suma, não será possível retirar do regime do SIREVE um argumento (sistemático) para interpretar o regime correspondente do PER?

O movimento de uniformização da disciplina da pré-insolvência apontaria, em princípio, para uma resposta afirmativa[51]. Esta não encontra, todavia, conforto na letra da lei. E a inactividade do legislador aquando da intervenção no

---

[50] É de notar que o efeito não atinge (continua a não atingir) indiscriminadamente todas as acções, ou seja, não atinge as acções de todos os credores. O efeito impeditivo e o efeito suspensivo do despacho de aceitação cessam no que respeita às acções a instaurar ou instauradas pela Fazenda Pública e pela Segurança Social a partir da data em que manifestem, fundadamente, indisponibilidade para celebrar acordo com a empresa bem como no que respeita às acções a instaurar ou instauradas pelos credores que comuniquem ao IAPMEI que não pretendem participar no SIREVE [cfr. art. 11.º, n.º 3, als. *a) e b*), do DL n.º 178/2012]. Tão-pouco se produz o efeito extintivo no que respeita às acções instauradas por credores que não subscreveram o plano (cfr. art. 13.º, n.º 2, do DL n.º 178/2012). Como se vê, salvaguarda-se no SIREVE, ao contrário do que sucede no PER, a posição dos credores que não subscreveram o plano, seja por não terem de todo participado no SIREVE (note-se, contudo, o disposto no art. 8.º, n.º 1, do DL n.º 178/2012), seja por não terem votado favoravelmente o plano, e tenham ou não sido relacionados como credores: ao não se determinar a extinção, permite-se (ou, pelo menos, não se inviabiliza) a prossecução, no futuro, destas acções. Neste contexto, há que distinguir, uma vez que a lei lhes dispensa tratamento diferente, as acções executivas para pagamento de quantias (cujo destino, após a celebração do acordo, é, em princípio, a extinção) e as acções destinadas a exigir o cumprimento de obrigações pecuniárias (que, em princípio, se mantêm suspensas, por prejudicialidade).

[51] Sobre o significado do DL n.º 26/2015, de 6 de Fevereiro, como um esforço legislativo para estabelecer uma disciplina comum ou unitária dos processos pré-insolvenciais cfr. Catarina Serra, "Mais umas "pinceladas" na legislação pré-insolvencial – Uma avaliação geral das

II. QUESTÕES JURISPRUDENCIAIS COM RELEVO DOGMÁTICO

âmbito do SIREVE reforça a ideia de que não é desejável um regime deste tipo no PER. A única conclusão que a nova disciplina do SIREVE permite, para já, retirar é a de que se tornou inválido o argumento da inaptidão dos processos pré-insolvenciais para a tutela dos interesses dos garantes. A conclusão será relevante para a matéria dos efeitos do plano de recuperação sobre os garantes.

Diga-se, de qualquer forma, que, a manterem-se diferentes os regimes do PER e do SIREVE e a não se generalizar a ideia da conveniência de uma sua leitura uniforme, é de prever que a protecção concedida aos garantes tenha um impacto considerável no número de casos em que os empresários se sentem impelidos a recorrer ao SIREVE em desfavor do PER[52]. Como na grande maioria das situações os garantes do devedor são os sócios (ou os sócios-gerentes) e a opção pelo instrumento de recuperação depende deles, é muito natural que o instrumento escolhidos por eles seja aquele que, dando à empresa uma opor-tunidade para a recuperação, lhes concede simultaneamente uma protecção alargada contra os credores. Mas a verdade é que, por outro lado, os credores que beneficiem de garantias (sobretudo os bancos) dificilmente assentirão, nestas condições, em participar no SIREVE, sendo previsível uma redução drástica do interesse deste último como instrumento para a recuperação de empresas.

Relativamente à duração da suspensão, a despeito do que diz a lei no art. 17.º-E, n.º 1, ("durante todo período em que perdurarem as negociações"), deve entender-se que ambos os efeitos (impeditivo e suspensivo) subsistem, se for o caso, até ao trânsito em julgado da decisão sobre a homologação, pois só com este trânsito há uma decisão segura e definitiva sobre o sucesso do PER e, logo, sobre o destino a dar às acções suspensas[53].

---

alterações do DL n.º 26/2015, de 6 de Fevereiro, ao PER e ao SIREVE (e à luz do Direito da União Europeia)", cit., pp. 43 e s.

[52] Para uma análise da procura do PER e do SIREVE por parte das empresas no período de 2012-2014 cfr. REINALDO MÂNCIO DA COSTA, "Os requisitos do plano de recuperação", in: CATARINA SERRA (coord.), *III Congresso de Direito da Insolvência*, Coimbra, Almedina, 2015, pp. 229 e s.

[53] Cfr., também neste sentido, NUNO SALAZAR CASANOVA / DAVID SEQUEIRA DINIS, *O processo especial de revitalização – Comentários aos artigos 17.º-A a 17.º-I do Código da Insolvência e da Recupe-ração de Empresas*, cit., pp. 108-109. Cfr., em sentido diferente, mas, aparentemente, sem razão, ISABEL ALEXANDRE, "Efeitos processuais da abertura do processo de revitalização", cit., p. 248 e pp. 249-250. Afirma a autora que a cessação da proibição de instauração de acções ocorre com o encerramento do processo negocial, a menos que venha a ser aprovado e homologado plano de revitalização do devedor, caso em que a proibição só cessa quando este cessar também

A lei diz que, havendo plano de recuperação aprovado e homologado, estas acções se extinguem, a não ser quando o plano preveja a sua continuidade (cfr. art. 17.º-E, n.º 1, *in fine*, e n.º 6). Note-se, porém, que a extinção dos processos de insolvência suspensos não fica, evidentemente, condicionada ao que se estipule no plano (cfr. art. 17.º-E, n.º 6). O seu prosseguimento seria incompatível com a execução do plano.

Da regra geral enunciada na lei resulta que, não havendo plano aprovado e homologado, tais acções podem prosseguir. A melhor leitura é, contudo, pela razão atrás apontada, a de que a extinção das acções se produz apenas com o trânsito em julgado da decisão sobre a homologação do plano.

Um dos maiores problemas suscitado pela norma do art. 17.º-E, n.º 1, é o do seu alcance, isto é, das categorias de acções abrangidas. Para as identificar, o legislador utilizou, no art. 17-º-E, n.º 1, uma expressão que torna inviável a associação a qualquer das categorias habituais ("acções para cobrança de dívidas"). É mais ou menos seguro que são abrangidas as acções executivas (pelo menos algumas) mas existe controvérsia alargada, sobretudo, quanto às acções declarativas.

A jurisprudência e a doutrina portuguesas estão, assim, divididas sobre o alcance destes efeitos, propendendo, apesar de tudo, uma sensível maioria para um entendimento mais amplo da expressão. De acordo com este, não só acções executivas mas também as acções declarativas, mais precisamente as acções de condenação, e ainda certas providências cautelares, designadamente de entrega judicial de bens, são abrangidas pelo efeito, sempre que, de alguma forma, contendam com o património do devedor[54].

---

a sua eficácia. Quanto à cessação da suspensão de acções, entende a autora que ela ocorre também com o fim das negociações e nem sequer é condicionada pela comunicação de que o processo negocial está encerrado; a cessação pode ficar a dever-se à extinção das acções, determinada pela aprovação e pela homologação de plano de recuperação.

[54] Sustentando um entendimento (mais) amplo, embora com variações quanto às categorias de acções declarativas abrangidas, cfr. Catarina Serra, "Revitalização – A designação e o misterioso objecto designado. O processo homónimo (PER) e as suas ligações com a insolvência (situação e processo) e com o SIREVE", in: Catarina Serra (coord.), *I Congresso de Direito da Insolvência*, Coimbra, Almedina, 2013, pp. 99-100, Luís Carvalho Fernandes / João Labareda, *Código da Insolvência e da Recuperação de Empresas anotado. Sistema de Recuperação de Empresas por Via Extrajudicial (SIREVE) Anotado. Legislação Complementar*, cit., pp. 164-165, João Aveiro Pereira, "A revitalização económica dos devedores", in: *O Direito*, 2013, I/II, p. 37, e Ana Prata / Jorge Morais Carvalho / Rui Simões, *Código da Insolvência e da Recuperação*

II. QUESTÕES JURISPRUDENCIAIS COM RELEVO DOGMÁTICO

– Na jurisprudência, veja-se, sustentando este entendimento amplo, entre outros, o Ac. do STJ de 17.11.2016, Proc. 43/13.4TTPRT.P1.S1 (Relatora: Ana Luísa Geraldes) (sustentando a suspensão de acção de condenação no pagamento de créditos laborais), o Ac. do STJ de 15.09.2016, Proc. 2817/09.1TTLSB.L1.S1 (Relator: António Leones Dantas) (sustentando a extinção de acção de condenação no pagamento de créditos laborais e a indemnização pela resolução com justa causa), o Ac. do STJ de 31.05.2016, Proc. 7976/14.9T8SNT.L1.S1 (Relatora: Ana Luísa Geraldes) (sustentando a extinção de acção de condenação para pagamento de créditos laborais), o Ac. do STJ de 17.03.2016, Proc. 33/13.7TTBRG. P1.G1.S2 (Relatora: Ana Luísa Geraldes) (sustentando a suspensão de acção para reconhecimento da existência de contrato de trabalho e de condenação no pagamento de créditos laborais), o Ac. do STJ de 5.01.2016, Proc. 172724/12.6YIPRT.L1.S1 (Relator: Nuno Cameira) (sustentando a extinção do procedimento de injunção para pagamento de preço de serviços prestados), o Ac. do STJ de 26.11.2015, Proc. 1190/12.5TTLSB.L2.S1 (Relatora: Ana Luísa Geraldes) (decidindo a suspensão de acção de condenação no pagamento dos créditos laborais), o Ac. do TRL de 17.12.2015, Proc. 2301/11.3TVLSB.L1-2 (Relator: Olindo Geraldes) (decidindo a suspensão de acção de condenação na reparação e eliminação dos defeitos em edifício ou, subsidiariamente, no pagamento de uma indemnização), o Ac. do TRL de 25.06.2015, Proc. 7452/13.7TBCSC-B.L1-8 (Relator: Sacarrão Martins) (decidindo a suspensão da providência cautelar de arresto), o Ac. do TRL de 22.01.2015, Proc. 197/14.2TNLSB.L1-6 (Relatora: Maria de Deus Correia) (decidindo a suspensão da providência cautelar de entrega judicial de bem), o Ac. do TRL de 18.06.2014, Proc. 899/12.8TTVFX. L1-4 (Relatora: Maria João Romba) (decidindo a suspensão de acção declarativa de condenação no cumprimento de obrigações pecuniárias emergentes de contrato de trabalho, da respectiva violação e cessação), o Ac. do TRL de 5.06.2014, Proc. 171805/12.0YIPRT.L1-2 (Relatora:

---

de Empresas, cit., p. 64, Fátima Reis Silva, *Processo especial de revitalização – Notas práticas e jurisprudência recente*, cit., p. 53, e Artur Dionísio Oliveira, "Os efeitos processuais do PER e os créditos litigiosos", in: Catarina Serra (coord.), *III Congresso de Direito da Insolvência*, Coimbra, Almedina, 2015, pp. 207 e s.

ONDINA CARMO ALVES) (decidindo a extinção de acção declarativa especial para o cumprimento de obrigações emergentes de contrato), o Ac. do TRL de 20.02.2014, Proc. 1258/13.0TJLSB.L1-2 (Relator: JORGE LEAL) (decidindo a suspensão de providência cautelar de entrega judicial de bem), o Ac. do TRL de 21.11.2013, Proc. 1290/13.4TBCLD.L1-2 (Relator: OLINDO GERALDES) (decidindo a suspensão de providência cautelar de entrega judicial de bem), o Ac. do TRL de 31.10.2013, Proc. 761/13.7TVLSB.L1-2 (Relatora: TERESA ALBUQUERQUE) (decidindo a suspensão de providência cautelar de entrega judicial de bem), o Ac. do TRP de 16.11.2015, Proc. 8176/11.5TBMTS.P1 (Relator: CARLOS GIL) (sustentando que as acções para cobrança de dívidas abrangem as acções declarativas e executivas desde que respeitem a obrigações pecuniárias ou em dinheiro embora não as dívidas de valor),o Ac. do TRP de 14.04.2015, Proc. 39327/13.4YIPRT.P1 (Relatora: MARIA GRAÇA MIRA) (decidindo a extinção de acção declarativa especial para o cumprimento de obrigações pecuniárias), o Ac. do TRP de 24.02.2015, Proc. 1502/13.4TJPRT-B.P1 (Relator: M. PINTO DOS SANTOS) (decidindo a suspensão de procedimento cautelar de arresto), o Ac. do TRP de 5.01.2015, Proc. 22/13.1TTMTS.P1 (Relatora: MARIA JOSÉ COSTA PINTO) (decidindo a extinção de acção declarativa de condenação), o Ac. do TRP de 30.06.2014, Proc. 1251/12.0TYVNG.P1 (Relator: CAIMOTO JÁCOME) (decidindo a extinção de acção declarativa entretanto suspensa), o Ac. do TRP de 7.04.2014, Proc. 344/13.1TTMAI.P1 (Relator: JOÃO NUNES) (decidindo a impossibilidade de propositura de acção de cobrança de créditos laborais), o Ac. do TRP de 6.01.2014, Proc. 1029/10.6TTVNG. P1 (Relator: JOÃO NUNES) (decidindo a suspensão de acção declarativa destinada a exigir o cumprimento de um direito), o Ac. do TRP de 18.12.2013, Proc. 407/12.0TTBRG.P1 (Relator: JOÃO NUNES) (decidindo a suspensão de acção de condenação no pagamento de créditos laborais), o Ac. do TRP de 30.09.2013, Proc. 516/12.6TTBRG.P1 (Relator: ANTÓNIO JOSÉ RAMOS) (decidindo a suspensão de acção de condenação no pagamento de créditos laborais), o Ac. do TRP de 16.05.2013, Proc. 2269/12.9YYPRT-C.P1 (Relator: JOSÉ AMARAL) (decidindo a suspensão de acção executiva), o Ac. do TRC de 19.05.2015, Proc. 3105/13.4TBLRA.C1 (Relator: MOREIA DO CARMO) (decidindo a suspensão de acção declarativa), o Ac. do TRC de 21.04.2015, Proc. 1240/14.0YLPRT.C1 (Relator: Fernando Monteiro) (decidindo a suspensão de acção especial de despejo), o Ac. do TRC de 27.02.2014, Proc. 1112/13.6TTC-BR.C1 (Relator: Ramalho Pinto) (decidindo a suspensão de acção declarativa de condenação que atinge o património do devedor), o Ac. do TRG de 12.11.2015, Proc. 146761/13.1YIPRT-B.G1 (Relatora: Ana Cristina Duarte) (decidindo a suspensão de procedimento cautelar de arresto), o Ac. do TRG de 12.03.2015, Proc. 1132/13.0TTBRG.P1.G1 (Relator: Moisés Silva) (decidindo a extinção de acção declarativa), o Ac. do TRG de 29.01.2015, Proc. 5632/12.1TBBRG.G1 (Relator: Antero Veiga) (decidindo a suspensão e a posterior extinção de acção declarativa de condenação), o Ac. do TRE de 1.10.2015, Proc. 82/14.8TTSTR.E1 (Relator: João Luís Nunes) (sustentando que as acções para cobrança de dívidas abrangem as acções declarativas destinadas a exigir o cumprimento de créditos vencidos), o Ac. do TRE de 25.06.2015, Proc. 37332/13.0YIPRT.E1 (Relatora: Alexandra Moura Santos) (decidindo o prosseguimento de acção declarativa de condenação), o Ac. do TRE de 12.03.2015, Proc. 845/13.1TBABF.E1 (Relator: Mário Serrano) (decidindo a extinção de acção declarativa destinada a obter o cumprimento de obrigação pecuniária), o Ac. do TRE de 12.03.2015, Proc. 845/13.1TBABF.E1 (Relator: Sílvio Sousa) (proibição da propositura de acção para declaração de incumprimento definitivo de contrato-promessa e condenação no pagamento do sinal em dobro), e o Ac. do TRE de 16.01.2014, Proc. 358/13.1TTPTM.E1 (Relator: José Feteira) (decidindo a suspensão de acção declarativa de condenação no pagamento instaurada com o propósito de atingir o património do devedor).

Outra parte da doutrina e da jurisprudência propende para uma interpretação mais restrita da norma, sustentando, com variações, que ela abrange apenas acções executivas (ou mesmo só as que tem a finalidade de pagamento de quantia certa) e deixa de fora todas as acções declarativas e a maioria dos procedimentos cautelares[55].

---

[55] Sustentando um entendimento (mais) restrito, cfr. Madalena Perestrelo, "O Processo Especial de Revitalização: o novo CIRE", in: *Revista de Direito das Sociedades*, 2012, n.º 3,

O PROCESSO ESPECIAL DE REVITALIZAÇÃO NA JURISPRUDÊNCIA

– Na jurisprudência, veja-se, sustentando este entendimento (mais) restrito, entre outros, o Ac. do TRL de 16.12.2015, Proc. 133/13.3TTBRR. L1-4 (Relator: ALVES DUARTE) (sustentando o prosseguimento de acção de impugnação de despedimento), Ac. do TRL de 22.10.2015, Proc. 2924/14.9TBVFX.L1-6 (Relatora: ANABELA CALAFATE) (decidindo o prosseguimento de procedimento cautelar para apreensão de veículo), o Ac. do TRL de 25.08.2015, Proc. 7976/14.9T8SNT. L1-4 (Relator: JOSÉ EDUARDO SAPATEIRO) (decidindo o prosseguimento do processo de impugnação do despedimento), o Ac. do TRL de 21.04.2015, Proc. 172724/12.6YIPRT.L1-7 (Relator: LUÍS ESPÍRITO SANTO) (decidindo o prosseguimento de acção declarativa especial para o cumprimento de obrigações emergentes de contrato), o Ac. do TRL de 11.07.2013, Proc. 1190/12.5TTLSB.L1-4 (Relator: LEOPOLDO SOARES) (decidindo o prosseguimento de acção declarativa de condenação), o Ac. do TRP de 23.03.2015, Proc. 645/14.1TTVNG-A.P1 (Relatora: MARIA JOSÉ COSTA PINTO) (decidindo o prosseguimento de providência cautelar de suspensão de despedimento), o Ac. do TRP de 9.07.2014, Proc. 834/14.9TBMTS-B.P1 (Relator: RUI MOREIRA) (decidindo o prosseguimento de providência cautelar para a entrega imediata de bens com fundamento em resolução), o Ac. do TRP de 7.04.2014, Proc. 918/12.8TTPRT.P1 (Relatora: PAULA MARIA ROBERTO) (decidindo o prosseguimento de acção para apuramento de responsabilidade em acidente de trabalho), o Ac. do TRC de 25.02.2014, Proc. 350/09.0T2AND.C1 (Relator: FREITAS NETO) (decidindo o prosseguimento de acção destinada à declaração de nulidade do trespasse destinada à delimitação do património), o Ac. do TRG de 10.09.2015, Proc. 7090/13.4TBBRG.G1 (Relator: CARVALHO GUERRA) (decidindo o prosseguimento de acção para restituição de coisa locada), o Ac. do TRE de 3.12.2015, Proc. 218/14.9TBPTG.E1 (Relator: FRANCISCO MATOS) (sustentando que as acções para cobrança de dívidas não abrangem as acções declarativas), o Ac. do TRE de 22.10.2015, Proc.

pp. 718-719, ISABEL ALEXANDRE, "Efeitos processuais da abertura do processo de revitalização", cit., pp. 245-246, e NUNO SALAZAR CASANOVA / DAVID SEQUEIRA DINIS, *O processo especial de revitalização – Comentários aos artigos 17.º-A a 17.º-I do Código da Insolvência e da Recuperação de Empresas*, cit., p. 97.

2068/15.6T8LLE.E1 (Relator: Silva Rato) (sustentando que as acções para cobrança de dívidas não abrangem todas as acções susceptíveis de afectar directa ou indirectamente o património ou a actividade da empresa devedora), e o Ac. do TRE de 19.12.2013, Proc. 336/13.0TTS-TR.E1 (Relator: José Feteira) (decidindo o prosseguimento de providência cautelar de suspensão de despedimento).

A divergência dever-se-á a uma prévia (e porventura subconsciente) tomada de posição sobre o alcance da protecção dispensada ao devedor no PER ou, mais precisamente, sobre a teleologia da norma do art. 17.º-E, n.º 1.

Os primeiros entendem que, estando em causa garantir que o devedor não seja perturbado ou distraído das negociações, é necessário afastar, não só as acções que tenham efeitos patrimoniais directos mas ainda, sempre que isso não se mostre intolerável face às exigências de tutela dos direitos de terceiros, todas as acções que possam causar-lhe alguma instabilidade relevante. Enquanto isso, os segundos entendem que, estando somente em causa preservar o património do devedor dos ataques dos credores e mantê-los equidistantes, é suficiente afastar as acções executivas.

A verdade é que o argumento literal torna quase indefensável um entendimento que exclua, sem mais, as acções declarativas.

Não há, de facto, sinais da vontade do legislador em delimitar o efeito às acções executivas. Pelo contrário, foi deliberadamente escolhida uma expressão alternativa ("acções de cobrança de dívida"), que dá a entender que não é desejável uma redução ou, pelo menos, que não é desejável uma redução sistemática ou por princípio às acções de tipo executivo, sendo embora exigível que todas tenham alguma "incidência" patrimonial.

Em suma, atendendo tanto à sua letra como ao seu espírito (a intenção de propiciar ao devedor a estabilidade necessária ao bom curso do processo), a norma é passível de aplicação, em concreto, a todas as acções directa ou indirectamente dirigidas a fazer valer direitos ou a exigir o seu cumprimento, portanto, independentemente da sua classificação como declarativas ou executivas no CPC.

– Merece destaque a este propósito, pela sua clareza, o Ac. do TRC de 27.02.2014, Proc. 1112/13.6TTCBR.C1 (Relator: Ramalho Pinto).

Diz-se aí no sumário: "I – As acções previstas, que não podem ser instauradas, que se suspendem ou que se extinguem, são (refere o artº 17º-E, nº 1 do CIRE) quaisquer acções para cobrança de dívidas contra o devedor – acções declarativas e acções executivas. II – Conhecendo o legislador o tipo de acções previstas no CPC, ao se referir no artº 17º-E, nº 1 do CIRE (na redacção da Lei nº 16/2012, de 20/04), às acções que têm por fim a cobrança de dívidas, aí fez incluir quer as acções declarativas de condenação, quer as acções executivas, desde que atinjam o património do devedor".

Ainda a favor da tese da interpretação (mais) ampla, diga-se que há, pelo menos, um caso em que uma acção não (exclusivamente) executiva deve ser considerada abrangida pelo efeito (impeditivo) do art. 17.º-E, n.º 1. Trata-se do processo de insolvência[56]. Isto apesar de no art. 1.º, n.º 1, continuar a definir-se o processo de insolvência como uma execução universal [57].

Com efeito, há um paralelismo justificado entre o objecto do efeito suspensivo e o objecto do efeito impeditivo: as acções que são suspensas e as acções que não podem ser propostas são declaradamente do mesmo tipo ("com idêntica finalidade"). Assim, quando o art. 17.º-E, n.º 6, determina que os processos de insolvência em curso se suspendem (posto que não tenha sido declarada a insolvência), a consequência lógica é a de que tão-pouco podem ser propostos novos processos.

---

[56] Cfr. também no mesmo sentido, NUNO SALAZAR CASANOVA / DAVID SEQUEIRA DINIS, *O processo especial de revitalização – Comentários aos artigos 17.º-A a 17.º-I do Código da Insolvência e da Recuperação de Empresas*, cit., p. 118. Cfr., em sentido contrário, FÁTIMA REIS SILVA, *Processo especial de revitalização – Notas práticas e jurisprudência recente*, cit., pp.54-55. Defende a autora que, por aplicação dos princípios consagrados no art. 8.º, deverão suspender-se todos os processos de insolvência entrados antes do PER (desde que não neles tenha sido declarada a insolvência) como os entrados depois, de onde se retira que, segundo a autora, há liberdade de instauração deste tipo de acções. Foi este também o entendimento inicial implicitamente adoptado [cfr. CATARINA SERRA, "Revitalização – A designação e o misterioso objecto designado. O processo homónimo (PER) e as suas ligações com a insolvência (situação e processo) e com o SIREVE", cit., p. 93], mas que agora e aqui se põe em causa.

[57] Cfr., para uma qualificação do processo de insolvência, CATARINA SERRA, *A falência no quadro da tutela jurisdicional dos direitos de crédito – a natureza jurídica do processo de liquidação aplicável à insolvência no direito português*, cit.

II. QUESTÕES JURISPRUDENCIAIS COM RELEVO DOGMÁTICO

Mas há ainda um argumento teleológico. A admissibilidade da proposição de processos de insolvência ameaçaria, de facto, o objectivo perseguido pela norma, de forma até mais drástica do que certas acções que estão incontestavelmente abrangidas.

Como foi já apontado a seu tempo, a tese da interpretação (mais) ampla tem contra si o facto de resultarem dela inconvenientes de monta no que toca aos créditos litigiosos, ilíquidos e, em geral, todos aqueles que ainda necessitam de definição jurisdicional[58].

Com efeito, o titular de um crédito, por exemplo, litigioso, que veja a sua acção (declarativa) suspensa corre, primeiro, grandes riscos de não ser reconhecido como credor. Se o crédito é litigioso isso significa que o devedor contesta este crédito e não reconhece este credor. Assim sendo, com toda a probabilidade não incluirá este sujeito na relação de credores a apresentar ao tribunal e nem tão-pouco lhe comunicará o início das negociações. O administrador judicial provisório tenderá, por outro lado, a não incluir o crédito na lista de créditos, seja por desconhecimento, seja por não reconhecimento (quando o credor, apesar de tudo, toma conhecimento da abertura do PER e reclama o crédito, o administrador judicial provisório não terá, em princípio, elementos que lhe permitam reconhecê-lo). Depois, como, em regra, a acção se extingue com o trânsito em julgado da decisão de homologação do plano de recuperação, o credor é obrigado a recomeçar tudo de novo e a propor uma nova acção. E quando o seu crédito for finalmente reconhecido, se este se incluir nalguma categoria de créditos modificados, os efeitos do plano estendem-se-lhe, não obstante o credor não ter participado no PER.

Estes indesejáveis resultados podem ser minimizados se se considerar que o apuramento dos créditos em PER é, não abreviado ou sumário, mas tendencialmente exaustivo, de forma a que todos os litígios relevantes possam ser dirimidos e, designadamente, todos os créditos realmente existentes possam ser incluídos na lista de créditos. Indo mais longe: só assim a *vis attractiva* do PER encontra justificação plena.

---

[58] Cfr. Catarina Serra, "Revitalização – A designação e o misterioso objecto designado. O processo homónimo (PER) e as suas ligações com a insolvência (situação e processo) e com o SIREVE", cit., p. 99-100.

– Na jurisprudência, veja-se, admitindo outra via – mais drástica – para evitar os indesejáveis resultados mencionados, o Ac. do TRG de 3.07.2014, Proc. 3129/13.1TBBRG.G1 (Relator: António Sobrinho). Aí se sustenta que a violação do dever de comunicação do devedor a um credor configura uma violação não negligenciável das regras procedimentais e que, consequentemente, o plano de recuperação não deverá ser homologado.

Outro contributo significativo para a resolução deste problema é a tese da redução teleológica, dirigida a excluir do âmbito de aplicação da norma que fixa como efeito da homologação de um plano de recuperação a extinção das acções para cobrança de dívidas pendentes contra o devedor as situações em que os créditos continuam a necessitar de definição jurisdicional para que possam ser cobrados, ainda que com as limitações introduzidas pelo plano homologado, ou, mais sucintamente, a tese dirigida a subtrair ao efeito extintivo os créditos que, no momento da homologação do plano, permaneçam litigiosos ou ilíquidos[59].

Esta tese parte do pressuposto de que aquilo que o legislador pretendeu foi, num primeiro momento, assegurar as condições adequadas ao estabelecimento de negociações entre o devedor e os seus credores, tendo em vista a revitalização daquele, e, num segundo momento, sujeitar todos os créditos ao plano de recuperação e não, de todo, impedir a apreciação judicial e o eventual reconhecimento dos créditos litigiosos ou a liquidação dos créditos ilíquidos. Partindo deste pressuposto, é inevitável concluir que a letra do preceito contido no art. 17.º-E, n.º 1, vai além do pensamento legislativo nele vertido.

Significa isto a existência de uma lacuna oculta, ou seja, a omissão de uma regra para casos a que, não obstante a lei conter uma regra aplicável a casos do tipo, tal regra não se ajusta, porque não atende à especificidade deles. A lacuna consiste, por outras palavras, na ausência de uma restrição e a sua integração realiza-se acrescentando, pela via da redução teleológica da norma, a restrição omitida.

---

[59] Cfr. Artur Dionísio Oliveira, "Os efeitos processuais do PER e os créditos litigiosos", cit., pp. 219 e s.

II. QUESTÕES JURISPRUDENCIAIS COM RELEVO DOGMÁTICO

Em síntese, de acordo com esta tese, o ponto central do debate sobre os efeitos da homologação de um plano de recuperação sobre as acções para cobrança de dívidas não se situará tanto na natureza declarativa ou executiva destas, mas antes na necessidade ou desnecessidade destas acções para assegurar a tutela jurisdicional efectiva dos créditos.

A solução é razoável e consegue, efectivamente, evitar alguns dos indesejáveis resultados acima identificados. Evita, nomeadamente, que as acções em que se discute, por exemplo, a validade ou o valor do crédito, sejam condenadas a uma abrupta extinção.

Dito isto, a negociação de uma cláusula, no plano, prevendo a continuação das acções após a aprovação e a homologação do plano, como autoriza o art. 17.º-E, n.º 1, *in fine*, será sempre uma medida que dará um reforço de segurança a estes credores[60].

– Existem já decisões jurisprudenciais que adoptam uma leitura do tipo acima referido. Veja-se, nomeadamente, o Ac. do TRE de 5.11.2015, Proc. 2843/11.0TBEVR.E1 (Relator: Sílvio Sousa), em que se diz: "1 – Os efeitos do plano de recuperação, aprovado em sede de processo especial de revitalização, estão circunscritos aos efeitos de créditos já constituídos, sujeitos a condição, e não também aos créditos litigiosos, quanto à sua constituição ou validade. 2 – Alargar os efeitos do referido plano a estes créditos equivaleria a violar o princípio constitucional da tutela jurisdicional efectiva".

Veja-se ainda, em sentido idêntico, o Ac. do TRG de 21.04.2016, Proc. 4726/15.6T8BRG.G1 (Relator: Antero Veiga).

Deve, por fim, repetir-se que é de elementar bom senso que se evite uma recondução automática ou em abstracto das "acções de cobrança de dívidas" às categorias de acções do CPC. Em vez disso, deve apreciar-se cuidadosamente a finalidade de cada acção, com vista a que, em nome da recuperação e da tutela dos interesses do devedor, não venham a ser sejam postergados os direitos de outros sujeitos.

---

[60] Chamando também a atenção para esta possibilidade, cfr. Alexandre Soveral Martins, "O P.E.R." (Processo Especial de Revitalização)", in: *Revista do Instituto do conhecimento Ab Instantia*, 2013, n.º 1, p. 25, e *Um Curso de Direito da Insolvência*, Coimbra, Almedina, p. 471.

2. A propósito da reclamação, da impugnação e da verificação de créditos

2.1. Que créditos deve o administrador judicial provisório incluir na lista provisória?

Bibliografia
CATARINA SERRA,
– "Entre o princípio e os princípios da recuperação de empresas (um *work in progress*)", in: CATARINA SERRA (coord.), *II Congresso de Direito da Insolvência*, Coimbra, Almedina, 2014, pp. 69 e s.

Trata-se de mais uma questão abordada anteriormente[61]. Dir-se-á, portanto, também sinteticamente, que, por força do princípio da universalidade, o administrador judicial provisório deverá incluir os créditos reclamados e os créditos de que tenha conhecimento, ou por outras palavras, que deve aplicar-se aqui, por analogia, o disposto no art. 129.º, n.º 1[62].

Quando, além do mais, a aprovação do plano é apurada por referência à lista de créditos e esta pode muito bem ainda ser a lista provisória (cfr. art. 17.º-F, n.º 3), é desejável que sejam usados todos os meios para que esta lista reflicta o mais possível o universo real dos credores.

Contra este entendimento tem sido aduzido o habitual argumento da falta de tempo / falta de condições para que o administrador judicial provisório possa desempenhar esta actividade[63].

Desdramatiza-se já a questão. O que está em causa não é uma obrigação de resultado mas sim uma obrigação de meios. O que se diz não é que o administrador judicial provisório tem o dever de incluir todos os créditos existentes.

---

[61] Cfr. CATARINA SERRA, "Entre o princípio e os princípios da recuperação de empresas (um *work in progress*)", cit., pp. 98-100.

[62] Cfr., neste sentido também, LUÍS A. CARVALHO FERNANDES / JOÃO LABAREDA, *Código dos Processos Especiais de Recuperação da Empresa e de Falência Anotado*, cit., p. 156, e BERTHA PARENTE ESTEVES, "Da aplicação das normas relativas ao plano de insolvência ao plano de recuperação conducente à Revitalização", in: CATARINA SERRA (coord.), *II Congresso de Direito da Insolvência*, Coimbra, Almedina, 2014, pp. 268-269.

[63] Cfr. FÁTIMA REIS SILVA, "A verificação de créditos no processo de revitalização", cit., p. 258, e *Processo especial de revitalização – Notas práticas e jurisprudência recente*, cit., pp. 39-40 (embora admita que é "óbvio o interesse em que a lista corresponda o mais possível ao universo real de credores").

Diz-se apenas que ele tem o dever de incluir os créditos existentes que conheça mesmo que este conhecimento lhe advenha por via diversa da reclamação (os créditos que constem, por exemplo, da lista de credores apresentada pelo devedor ou que o administrador possa averiguar existirem no prazo de que habitualmente dispõe para examinar a contabilidade do devedor).

Por outras palavras, sustenta-se, não que o administrador judicial provisório inclua, sem mais, os sujeitos que *suspeite* serem credores ou que os confirme *a todo custo* mas sim que ele inclua os credores que venham ao seu conhecimento sempre que possa conhecê-los sem comprometer os fins do processo – uma espécie de *dever sob condição*.

A condição ou o limite é a de que esta actividade não seja, em concreto, *injustificadamente onerosa* para os fins do processo. Ela terá um custo *injustificado* e deverá ceder, não exactamente quando seja ultrapassado o prazo legal atribuído ao administrador judicial provisório para a elaboração da lista provisória de créditos, mas quando, ponderadas as circunstâncias do caso, seja visível que, por causa da duração daquela actividade, ficaria comprometida a recuperação do devedor.

Diga-se que em alguns casos pode tornar-se manifesto que a recuperação ficaria comprometida havendo atraso sucessivo dos prazos. De facto, é preciso não esquecer completamente que o prazo de dois meses previsto no artigo 17.º-D, n.º 5, para as negociações se conta a partir do final do prazo para as impugnações e este, por sua vez, se conta a partir da publicação da lista provisória.

> – A natureza peremptória ou preclusiva do prazo de dois meses, previsto no artigo 17.º-D, n.º 5, foi categoricamente afirmada em numerosos acórdãos, com a consequência de o plano que venha a ser aprovado após a extinção deste prazo não poder / dever ser homologado. Veja--se, neste sentido, entre muitos outros, o Ac. do STJ de 21.06.2016, Proc. 3245/14.2T8GMR.G1.S1 (Relator: Fernandes do Vale), o Ac. do STJ de 19.04.2016, Proc. 7543/14.7T8SNT.L1.S1 (Relatora: Ana Paula Boularot), o Ac. do STJ de 17.11.2015, Proc. 1557/14.4TB-MTJ.L1.S1 (Relator: José Raínho), o Ac. do STJ de 8.09.2015, Proc. 570/13.3TBSRT.C1.S1 (Relator: Fonseca Ramos), o Ac. do TRL de 13.10.2015, Proc. 2222/15.0T8LSB-A.L1-7 (Relatora: Dina Montei-ro), o Ac. do TRL de 2.07.2015, Proc. 168/14.9T8BRR.L1-6 (Relator:

Tomé Ramião), o Ac. do TRL de 20.11.2014, Proc. 14286/14.0T2SNT-A.L1-8 (Relatora: Teresa Pais), o Ac. do TRL de 13.03.2014, Proc. 1904/12.3TYLSB.L1-2 (Relator: Jorge Leal), o Ac. do TRP de 9.10.2014, Proc. 974/13.1TBPFR.P1 (Relatora: Deolinda Varão), o Ac. do TRP de 19.11.2013, Proc. 579/13.7TBSTS.P1 (Relator: José Igreja Matos), o Ac. do TRC de 3.11.2015, Proc. 4312/14.8T8VIS.C1 (Relator: Alexandre Reis), o Ac. do TRC de 15.09.2015, Proc. 817/14.9T8ACB. C1 (Relator: Arlindo Oliveira), o Ac. do TRC de 26.02.2013, Proc. 1175/12.1T2AVR.C1 (Relator: Arlindo Oliveira), o Ac. do TRG de 5.03.2015, Proc. 583/14.8TBFAF-A.G1 (Relator: Espinheira Baltar), e o Ac. do TRG de 18.12.2012, Proc. 2155/12.2TBGMR.G1 (Relatora: Rosa Tching).

Note-se, contudo, que esta não é uma questão pacífica, havendo já algumas decisões em sentido oposto, designadamente no Ac. do TRL de 3.12.2015, Proc. 7543-14.7T8SNT.L1-8 (Relator: Sacarrão Martins), no Ac. do TRL de 3.12.2015, Proc. 1887/15.8T8FNC-B.L1-2 (Relatora: Ondina do Carmo Alves), no Ac. do TRL de 9.12.2014, Proc. 62/14.3TYLSB-A.L1 (Relatora: Cristina Coelho), e no Ac. do TRL de 10.04.2014, Proc. 8972.13.9T2SNT.L1-7 (Relatora: Maria do Rosário Morgado). Decidiu-se fundamentalmente nestes acórdãos, parafraseando o último, que "[o] prazo previsto no art. 17º-D, nº 5, do CIRE não tem natureza peremptória. Por conseguinte, prolongando-se as negociações, justificadamente, para além do prazo inicialmente previsto, e alcançado o pretendido acordo com os credores, esta circunstância não constitui fundamento para a recusar a homologação do plano de recuperação aprovado".

Quanto às condições que não as de tempo (ou da sua alegada falta), recorde-se que o administrador judicial provisório tem o direito de acesso às instalações e à contabilidade do devedor [cfr. art. 33.º, n.º 3, aplicável *ex vi* do art. 17.º-C, n.º 3, al. *a*)], o que torna razoável exigir-lhe a elaboração de uma lista mais completa, que transcenda, se for caso disso, o conjunto dos créditos reclamados e dos créditos constantes da lista disponibilizada pelo devedor.

– Salienta-se nesta matéria, em sentido próximo, o Ac. do TRL de 20.02.2014, Proc. 1390/13.0TBTVD-A.L1-6 (Relatora: FÁTIMA GALANTE), e o Ac. do TRE de 5.06.2014, Proc. 1753/13.1TBLLE-A.E1 (Relator: MATA RIBEIRO).

Diz-se no sumário do primeiro: "1. A lista apresentada pelo administrador judicial provisório, no âmbito do processo de revitalização, deve apresentar-se desde logo tão exaustiva quanto possível, tendo em consideração disposto no n.º 1 do artigo 154.º do CIRE, não descurando preconizado no n.º 2 do artigo 129.º do mesmo diploma, ou seja, com a identificação de cada credor reclamante, o fundamento e montante dos créditos, a natureza garantida, privilegiada, comum ou subordinada dos créditos. 2. O AJP não está dispensado, no caso da lista provisória de créditos, de adoptar o procedimento e nomenclatura constantes do artigo 47.º, que distingue os créditos "garantidos" e "privilegiados", os créditos "subordinados" e os créditos "comuns". 3. Não existe no CIRE norma que discipline a matéria da classificação dos créditos reclamados em sede de PER, pelo que as reclamações de créditos no PER devem seguir o modelo estabelecido no artigo 128.º do CIRE, com as indicações estabelecidas nas várias alíneas do n.º 1 do artigo 128.º – a proveniência do crédito, sua data de vencimento, os respectivos montantes de capital e de juros; as condições a que o crédito esteja subordinado; a sua natureza – sendo que, no caso de se tratar de um crédito garantido, devem ser indicados os bens ou direitos objecto da garantia; a existência de garantias pessoais; a taxa de juros de mora. 4. No PER não está em causa a graduação dos créditos reclamados, tudo se reconduzindo à sua verificação e – por força da segunda parte do n.º 7 do artigo 17.º-G do CIRE – à respectiva classificação, a qual terá de se fazer nessa fase, sob pena de poder inibir definitivamente o credor de vir a corrigir o que lhe parecer não estar bem na lista provisória de créditos".

2.2. Qual é o valor da lista definitiva de créditos?

A lista definitiva de créditos (*rectius*: a sentença judicial de verificação de créditos) tem, em princípio, duas funções.

Uma primeira é a de identificar os créditos para efeitos de votação do plano e de os qualificar, nomeadamente discriminando os créditos subordinados.

Nos termos da lei, contudo, é concebível a inexistência de lista definitiva no momento da votação do plano, havendo a possibilidade de a lista provisória de créditos elaborada pelo administrador judicial provisório funcionar como seu sucedâneo e de os créditos impugnados poderem ser apreciados sumariamente pelo juiz e de lhes serem atribuídos votos (cfr. art. 17.º-F, n.º 3). Sob este ponto de vista, a lista definitiva é, como se vê, dispensável.

A segunda função é a de evitar que, em eventual processo de insolvência subsequente, os credores reclamem de novo os seus créditos (cfr. art. 17.º-G, n.º 7).

É configurável, porém, que, nesse momento, ainda não exista lista definitiva, não se produzindo, nesse caso, o efeito normativamente previsto. Mas se houver lista definitiva o certo é que, por força do art. 17.º-G, n.º 7, lhe deve ser reconhecido algum valor, no caso de abertura de um processo de insolvência, quanto aos créditos já reclamados. Mas ela *impede* ou *dispensa* a reclamação dos créditos já reclamados em PER? Há uma grande discussão sobre isto.

Quando se lê o art. 17.º-G, n.º 7 ("o prazo da reclamação de créditos [...] destina-se apenas à reclamação dos créditos não reclamados"), o que lá se vê parece ser um *impedimento* (categórico). A ser assim, como parece, não é autorizado dizer que a norma (só) *dispensa* a reclamação destes créditos.

Se a lista definitiva de créditos tem valor de caso julgado ou não, isso já é outra discussão, que transcende o mero teor do art. 17.º-G, n.º 6. Ela implica uma tomada de posição quanto à possibilidade de, em processo de insolvência subsequente, se aplicarem as normas que constituem o apenso de verificação de créditos (cfr. arts. 130.º e s.) também no que respeita aos créditos já reclamados em PER.

Ora, se a actividade de verificação de créditos for levada a cabo no PER com os devidos cuidados é compreensível que os créditos que foram devidamente apreciados (tendo ou não, a final, sido reconhecidos) não possam voltar a ser apreciados em processo de insolvência[64]. Trata-se de aproveitar o processado

---

[64] Cfr., no mesmo sentido, Nuno Salazar Casanova / David Sequeira Dinis, *O processo especial de revitalização – Comentários aos artigos 17.º-A a 17.º-I do Código da Insolvência e da Recuperação de Empresas*, cit., p. 52. Isto, embora mais à frente os AA: pareçam adoptar a solução oposta (cfr. pp. 170 e s.). Cfr., em sentido contrário, Luís Carvalho Fernandes / João Labareda, *Código da Insolvência e da Recuperação de Empresas anotado. Sistema de Recuperação de Empresas por*

no PER, atribuindo à lista definitiva obtida uma utilidade séria fora do PER – a tal força de caso julgado.

– Na jurisprudência, veja-se, neste sentido, mas parecendo levar o raciocínio demasiado longe no que toca à classificação dos créditos, o Ac. do TRL de 9.05.2013, Proc. 2134/12.0TBCLD-B.L1-2 (Relatora: Ondina Carmo Alves).
Diz-se aí no sumário: "2. Face à virtualidade de o processo especial de revitalização poder ser convertido em processo de insolvência, não estando prevista a possibilidade de os credores que constem da lista apresentada pelo administrador judicial provisório, poderem proceder, no âmbito da insolvência, a nova reclamação de créditos, impõe-se que tal lista se apresente tão exaustiva quanto possível, com a identificação de cada credor reclamante, o fundamento e montante dos créditos, a natureza garantida, privilegiada, comum ou subordinada desses créditos reclamados".

– Veja-se, em sentido contrário, o Ac. do STJ de 1.07.2014, Proc. 2852/13.5TBBRG-A.G1.S1 (Relator: Salreta Pereira), o Ac. do TRC de 14.04.2015, Proc. 904/14.3TBPBL-A.C1 (Relator: Luís Cravo), o Ac. do TRC de 24.06.2014, Proc. 288/13.7T2AVR-F.C1 (Relator: Jorge Arcanjo), o Ac. do TRG de 26.03.2015, Proc. 3576/14.1T8G-MR-C.G1 (Relatora: Raquel Rego), e o Ac. do TRG de 19.03.2015, Proc. 6245/13.6TBBRG.G1 (Relatora: Maria da Purificação Carvalho).
Diz-se no sumário do primeiro: "(...) IV – O processo previsto no art. 17º-D do CIRE para a reclamação de créditos e organização da lista definitiva de credores, a fim de participarem nas negociações e votação do plano de recuperação, tem uma tramitação assaz simplificada, que não tem o contraditório indispensável a que o tribunal possa

Via Extrajudicial (SIREVE) Anotado. Legislação Complementar, cit., p. 159, e Ana Prata / Jorge Morais Carvalho / Rui Simões, *Código da Insolvência e da Recuperação de Empresas*, Coimbra, Almedina, 2013, pp. 70-71. O problema foi mal colocado, contudo, pelos últimos autores. Não se trata de impedir que reclamem os seus créditos em processo de insolvência os credores que não participaram no PER mas sim, justamente, os credores que participaram, ou seja, os que já reclamaram os seus créditos no PER.

decidir com força de caso julgado relativamente a todos os credores eventualmente lesados com o eventual reconhecimento da garantia real a beneficiar um dos créditos".

Concede-se, por um lado, que a lista definitiva não é apta a substituir a sentença de verificação e *graduação* de créditos e, portanto, não a torna dispensável. Será sempre necessário proceder à graduação de créditos no processo de insolvência.

Concede-se, por outro lado, que a fase de resposta às impugnações (cfr. art. 131.º) não tem lugar no PER.

– Na jurisprudência, veja-se, claramente neste sentido, o Ac. do TRL de 20.10.2015, Proc. 749/14.0TBFUN-A.L1-7 (Relatora: Maria da Conceição Saavedra).

Existe, por isso, o risco de se gerar alguma desigualdade, em concreto, entre a situação dos credores reclamantes no PER e a situação dos credores reclamantes no processo de insolvência.

Para ultrapassar este dilema, há uma pergunta que pode e deve fazer-se: vale mais que sejam prolatadas, pelo menos, algumas sentenças "a sério" ou que todas as sentenças sejam "ficcionadas"?

A favor da tentativa de prolação de sentenças "a sério", existem, apesar de tudo, argumentos decisivos. Não deve ser necessário reproduzi-los aqui.

2.3. Qual é o alcance da verificação de créditos?

Subjacente à questão anterior (do valor da lista definitiva) está, obviamente, a questão do alcance da verificação de créditos.

Quanto a isto, limitando a análise às normas, é possível descobrir argumentos contraditórios entre si.

A norma do art. 17.º-D, n.º 3, prevê, por um lado, que o prazo para a decisão sobre as impugnações seja de cinco dias a contar do fim do prazo para as impugnações. Este é um argumento que milita literalmente a favor de uma verificação sumária ou abreviada.

Em contrapartida, o art. 17.º-F. n.º 3, prevê o recurso subsidiário à lista provisória no caso de, no final do prazo previsto para as negociações [dois

II. QUESTÕES JURISPRUDENCIAIS COM RELEVO DOGMÁTICO

a três meses depois do fim do prazo para as impugnações (cfr. art. 17.º-D, n.º 5)], não estarem ainda decididas as impugnações[65].

É possível imaginar-se que a norma visou sobretudo a hipótese, não de um atraso, em sentido próprio, da decisão sobre as impugnações, mas da antecipação do fim das negociações relativamente ao que é expectável ou normal, isto é, a hipótese em que, existindo um plano pré-negociado (negociado antes do início do PER), este é remetido ao processo para homologação quase de imediato (logo que decorrido prazo para as impugnações mas ainda antes de decorrido prazo para a decisão do juiz sobre elas).

Ora, primeiro, o instrumento adequado para a situação (excepcional) em que o plano está pré-negociado não é o PER mas sim o instrumento disposto e regulado no art. 17.º-I.

Depois, o certo é que, para todos os efeitos, a lei não distingue entre as situações. Sem excepções ou ressalvas, a lei admitiu que as impugnações não estejam decididas passados dois ou mesmo três meses sobre o fim do prazo para as impugnações e concebeu um expediente com o propósito de suprir a falta daquela decisão.

No plano da teleologia, estão, mais uma vez, em confronto o valor formal da celeridade e valores de natureza diversa, como o apuramento da verdade, comum a todos os processos, e a universalidade do processo.

A interpretação que pondera os valores envolvidos é, mais uma vez, a de que a verificação deve ser tão exaustiva quanto possível. Daqui se segue que o juiz deve admitir todos os meios de prova necessários e adequados à conformação de uma lista de créditos "genuína"[66]. E nesta medida, a decisão sobre as impugnações não pode deixar de estar directamente sujeita a recurso e

---

[65] NUNO SALAZAR CASANOVA e DAVID SEQUEIRA DINIS (*O processo especial de revitalização – Comentários aos artigos 17.º-A a 17.º-I do Código da Insolvência e da Recuperação de Empresas*, cit., pp. 77-78) vêem por isso naquele prazo de cinco dias um prazo meramente indicativo e consideram que o tribunal pode admitir todo o tipo de produção de prova, designadamente testemunhal.

[66] Cfr., no mesmo sentido, RITA MOTA SOARES, "As consequências da não aprovação do plano de recuperação", in: CATARINA SERRA (coord.), *I Colóquio do Direito da Insolvência de Santo Tirso*, Coimbra, Almedina, 2014, p. 111. Cfr., em sentido contrário, Luís CARVALHO FERNANDES / JOÃO LABAREDA, *Código da Insolvência e da Recuperação de Empresas anotado. Sistema de Recuperação de Empresas por Via Extrajudicial (SIREVE) Anotado. Legislação Complementar*, cit., p. 159, e FÁTIMA REIS SILVA, *Processo especial de revitalização – Notas práticas e jurisprudência recente*, cit., pp. 43-46.

não, como tem sido defendido, ser contestável apenas por via do recurso da decisão de homologação[67].

Assim, além da prova documental, devem, ser admitidas a prova testemunhal e até, se for caso disso, a prova pericial.

- Na jurisprudência, veja-se, expressamente neste sentido, o Ac. do TRE de 5.11.2015, Proc. 696/15.9T8STR-A.P1 (Relator: FRANCISCO MATOS), e o Ac. do TRG de 26.06.2014, Proc. 180/14.8TBBRG-A.G1 (Relatora: MANUELA FIALHO).
  Diz-se no sumário deste último: "A celeridade subjacente ao PER não é razão para apenas admitir, em sede de impugnação da lista provisória de créditos, prova documental, não estando vedada a produção de prova testemunhal acerca da mesma".
  Veja-se ainda, aderindo à tese propugnada, o Ac. do TRG de 2.05.2016, Proc. 5180/15.8T8VNF.G1 (Relator: FERNANDO FERNANDES FREITAS).

- Veja-se, em sentido contrário, o Ac. do TRL de 29.05.2014, Proc. 723/13.4TYLSB.L1-6 (Relator: TOMÉ RAMIÃO), o Ac. do TRP de 24.03.2015, Proc. 353/14.3TBAMT.P1 (Relatora: MARIA GRAÇA MIRA), o Ac. do TRC de 23.09.2014, Proc. 142/14.5TBPMS-A.C1 (Relator: CARLOS MOREIRA), o Ac. do TRC de 20.06.2014, Proc. 3106/13.2TB-VIS-A.C1 (Relator: ARLINDO OLIVEIRA), o Ac. do TRG de 1.08.2015, Proc. 3066/14.2T8GMR-A.G1 (Relator: JORGE TEIXEIRA), e o Ac. do TRG de 26.03.2015, Proc. 3576/14.1T8GMR-C.G1 (Relatora: RAQUEL REGO).

Trata-se, em qualquer caso, e mais uma vez, de o juiz cumprir o seu dever, tal como ele decorre do art. 411.º do CPC ("princípio do juiz activo"[68]).

Haverá casos em que tal verificação é viável dentro de um prazo ainda razoável, haverá casos em que não. Mas estes últimos estão, nem de propósito,

---

[67] Cfr., no mesmo sentido (mas um tanto surpreendentemente face à sua posição sobre o valor da decisão sobre as impugnações), LUÍS CARVALHO FERNANDES / JOÃO LABAREDA, *Código da Insolvência e da Recuperação de Empresas anotado. Sistema de Recuperação de Empresas por Via Extrajudicial (SIREVE) Anotado. Legislação Complementar*, cit., p. 160.

[68] Cfr. JOÃO AVEIRO PEREIRA, "A revitalização económica dos devedores", cit., p. 41.

prevenidos na lei, sendo ela própria a admitir que, em última análise, a lista definitiva possa não existir. De facto, é conjecturável que a elaboração da lista definitiva nestes termos seja por vezes (devido ao número ou à complexidade dos litígios) absolutamente inconciliável com as finalidades do processo. Nesses casos, o processo terá, evidentemente, de conformar-se com a lista provisória.

Nem por isto deve recusar-se, por princípio, a tentativa de uma elaboração cuidada e enveredar sistematicamente por uma forma de verificação abreviada ou sumária dos créditos. Admitir uma verificação de créditos nestes termos levaria a que, a curto prazo, se generalizasse a ideia, pouco compatível com a dignidade e o valor atribuídos ao exercício da actividade jurisdicional, de que as sentenças podem ser, consoante os casos, verdadeiras ou "a fingir".

- Na jurisprudência, veja-se, demonstrando uma das consequências a que o interesse na coincidência entre a situação real e a definição jurídica pode conduzir, o Ac. do TRC de 24.06.2014, Proc. 666/14.4T2A-VR-B.C1 (Relator: ARLINDO OLIVEIRA). Aí se afirma que, nem no caso de encerramento do PER por não aprovação do plano de recuperação, devem deixar de prosseguir os recursos entretanto interpostos da decisão judicial que versou sobre os créditos impugnados.

- Conclusão idêntica foi atingida no Ac. do STJ de 22.11.2016, Proc. 4843/10.9TBFUN-B.L1.S1 (Relator: JOSÉ RAÍNHO), onde se diz: "[o] encerramento do processo de insolvência por efeito de homologação de plano de insolvência não implica necessariamente a imediata extinção da instância no processo de verificação de créditos em que ainda não tenha sido proferida a sentença. Tendo sido impugnada a lista de créditos reconhecidos e não reconhecidos apresentada pelo administrador da insolvência e tendo o plano aprovado previsto medidas de recuperação da empresa alternativas que levaram em linha de conta a eventualidade das impugnações procederem (art. 209º nº 3 do CIRE), impõe-se o prosseguimento do processo de verificação".

3. A propósito da fase de negociações

3.1. Que credores podem participar nas negociações?

Bibliografia

Catarina Serra,
– "Entre o princípio e os princípios da recuperação de empresas (um *work in progress*)",
in: Catarina Serra (coord.), *II Congresso de Direito da Insolvência*, Coimbra, Almedina,
2014, pp. 69 e s.

Num primeiro momento, a questão em presença não suscita grandes hesitações. Em regra, podem participar nas negociações todos os credores que declararem ser essa a sua vontade (cfr. art. 17.º-D, n.º 6).

Olhando, no entanto, para as regras aplicáveis à votação do plano, verifica-se que nem todos têm um direito de *plena* participação, ou seja, de participação nas negociações enquanto titulares de direito de voto.

O direito de voto é reconhecido, em geral, apenas aos credores titulares de créditos constantes da lista de créditos definitiva ou, na sua falta, da lista provisória, tenham ou não, em qualquer dos casos, reclamado os seus créditos. Têm ainda direito de voto os credores pertencentes a uma outra categoria (residual): os que sejam titulares de créditos impugnados mas "aprovados" judicialmente, nos termos do art. 17.º-F, n.º 3, *in fine*.

Por outras palavras, para que tenham o direito de participação plena nas negociações os credores devem não só declarar a sua vontade em participar nas negociações como ainda ter o seu crédito incluído na lista de créditos ou, pelo menos, "aprovado" judicialmente nos termos referidos[69].

Claro que, para os credores realizarem os actos indispensáveis à titularidade deste direito de participação plena, é preciso assegurar que eles tomam conhecimento atempado da abertura do processo, o que implica, por sua vez, observar, no que toca ao despacho de nomeação do administrador judicial provisório, as regras sobre notificação e publicidade contidas nos arts. 37.º e 38.º e para as quais o art. 17.º-C, n.º 4, remete.

---

[69] Cfr. Catarina Serra, "Entre o princípio e os princípios da recuperação de empresas (um *work in progress*)", cit., pp. 94-95.

II. QUESTÕES JURISPRUDENCIAIS COM RELEVO DOGMÁTICO

– Na jurisprudência, veja-se, neste sentido, ressalvando a dilação de cinco dias prevista na norma do art. 37.º, n.º 7, o Ac. do TRG de 14.02.2013, Proc. 2812/12.3TBGMR-A.G1 (Relator: Manso Raínho) e, sem ressalvar esta dilação, o Ac. do TRC de 19.12.2012, Proc. 3327/12.5TBLRA-B.C1 (Relatora: Maria Inês Moura).

Como se disse, sempre que se aplicam normas alheias à disciplina própria do PER, é necessário verificar se há lugar a adaptações e, no caso afirmativo, proceder a elas. Uma dúvida que existe é, de facto, sobre a dilação de cinco dias para a citação edital de determinados credores e outros interessados constante do art. 37.º, n.º 7. A aplicação desta norma deve ser feita na íntegra ou com a ressalva da dilação referida?

Propende-se para a segunda resposta. Da disciplina do PER, designadamente do disposto no art. 17.º-D, n.º 2, parece, efectivamente, resultar um comando categórico. O prazo para a reclamação de créditos deverá, portanto, ser contado, sem dilação, a partir da data da publicação do despacho de nomeação do administrador judicial provisório no portal Citius[70].

3.2. Qual a diferença entre a desistência das negociações e a desistência do pedido ou da instância?

Como é sabido, nos termos do art. 283.º do CPC, existe liberdade de desistência, podendo autor, em qualquer altura, desistir de todo o pedido ou de parte dele.

Os efeitos da desistência variam consoante se trata, em rigor, da desistência do pedido ou da desistência da instância. Nos termos do art. 285.º do CPC, a desistência do pedido extingue o direito que se pretendia fazer valer enquanto a desistência da instância apenas faz cessar o processo que se instaurara.

Atendendo ao carácter voluntário do PER, não se vê motivos para recusar ou limitar a possibilidade de o devedor desistir do pedido ou da instância.

---

[70] Cfr., no mesmo sentido, Ana Prata / Jorge Morais Carvalho / Rui Simões, *Código da Insolvência e da Recuperação de Empresas*, Coimbra, Almedina, 2013, cit., p. 60, e Nuno Salazar Casanova / David Sequeira Dinis, *O processo especial de revitalização – Comentários aos artigos 17.º-A a 17.º-I do Código da Insolvência e da Recuperação de Empresas*, cit., pp. 36 e s., e pp. 45 e s.

- Na jurisprudência, veja-se, porém, o Ac. do TRG de 7.04.2016, Proc. 4579/15.4T8VNF.G1 (Relator: Carvalho Guerra). Propende-se aqui para a inadmissibilidade da desistência da instância porque no caso contrário, se "subtrairia o devedor ao escrutínio da sua situação de solvência (...), sendo o meio adequado de pôr fim ao processo por iniciativa do devedor o previsto no n.º 5 do art. 17.º-G do CIRE". As dificuldades que decorrem da disponibilidade simultânea de dois meios diferentes (com consequências diferentes) para o mesmo objectivo são, como se verá, numerosas e tendem a corroborar o sentido da decisão. Mas isso não pode justificar que se elimine a possibilidade de desistência do pedido ou da instância nos casos em que ela é o expediente adequado.

Na norma do art. 21.º do CIRE estão, no entanto, contidas duas limitações à liberdade de desistência consagrada no art. 283.º do CPC. Em primeiro lugar, não se admite a desistência do pedido ou da instância nos casos de apresentação à insolvência. Em segundo lugar, nos restantes casos, só se admite a desistência do pedido ou da instância até ser proferida a sentença de declaração de insolvência.

A primeira limitação, consagrada na primeira parte do art. 21.º, não é, visivelmente, adequada ao PER, em razão da diversidade entre a apresentação a PER e a apresentação à insolvência. Enquanto a apresentação à insolvência implica o reconhecimento pelo devedor de determinada situação – a insolvência – (cfr. art. 28.º), a apresentação a PER não tem, como se sabe, esse efeito.

Fica, então, apenas por determinar se a segunda restrição é compatível com a disciplina do PER e, no caso afirmativo, em que termos, é que essa parte da norma do art. 21.º se aplicaria.

Dada a concentração de esforços que implica a abertura e o curso de um PER, faz sentido que a desistência do pedido ou da instância não possa ocorrer a todo tempo, isto é, que exista um limite a partir do qual tal desistência não mais possa ter lugar.

Olhando para a configuração processual do PER, é razoável sustentar que a desistência do pedido ou da instância só pode ocorrer até ao termo do prazo

II. QUESTÕES JURISPRUDENCIAIS COM RELEVO DOGMÁTICO

previsto para o processo negocial[71]. Efectivamente, é a partir desta fase que o processo deixa de estar na disponibilidade do devedor, passando a estar em causa interesses de carácter colectivo e público.

– Merece destaque a este propósito o Ac. do TRG de 1.10.2013, Proc. 84/13.1TBGMR.G1 (Relatora: Rosa Tching).

Diz-se aí no sumário: "1.º – Ao processo especial de revitalização é aplicável o artigo 21º do CIRE com as necessárias adaptações. 2.º – No processo especial de revitalização, a prolação da decisão declaratória do encerramento do processo marca o limite a partir do qual deixa de poder haver lugar à desistência da instância ou do pedido de revitalização, sendo indiferente o trânsito em julgado desta decisão. 3.º – Fundamental, para o efeito, é que o requerimento do desistente da instância ou do pedido de revitalização dê entrada antes da prolação da decisão declaratória do encerramento do processo. Porque no caso dos autos a devedora/requerente, veio desistir da instância e do pedido, após o Administrador Judicial Provisório nomeado ter vindo aos autos declarar que a devedora encontrava-se já em situação de insolvência actual, nos termos do nº1 do artigo 3º do CIRE, e depois de ter sido proferida decisão a declarar encerrado processo negocial, dúvidas não restam ser tal desistência inoperante".

A única reserva no que toca à posição defendida neste acórdão diz respeito à necessidade de uma decisão judicial que declare o encerramento das negociações. Ao contrário do que se dá a entender no acórdão, propende-se para considerar que aquilo que é determinante é, mais exactamente, o encerramento das negociações ou o mero esgotamento do prazo previsto para estas[72].

---

[71] Cfr., no mesmo sentido, Fátima Reis Silva, *Processo especial de revitalização – Notas práticas e jurisprudência recente*, cit., p. 22, e Rita Mota Soares, "As consequências da não aprovação do plano de recuperação", cit., p. 115. Em sentido diverso, defendendo, genericamente, que o poder do devedor para pôr termo ao PER cessa a partir do momento em que o plano de recuperação é remetido para homologação do tribunal, cfr. Nuno Salazar Casanova / David Sequeira Dinis, *O processo especial de revitalização – Comentários aos artigos 17.º-A a 17.º-I do Código da Insolvência e da Recuperação de Empresas*, cit., p. 126.

[72] Cfr., no sentido da desnecessidade de decisão declaratória do encerramento, em geral, Isabel Alexandre, "Efeitos processuais da abertura do processo de revitalização", cit.,

O PROCESSO ESPECIAL DE REVITALIZAÇÃO NA JURISPRUDÊNCIA

O tratamento da possibilidade de desistência do pedido ou da instância no PER veio entretanto chamar a atenção para outros problemas, cuja resolução será porventura mais "espinhosa".

Como se sabe, a disciplina do PER contém uma regra sobre a "desistência das negociações" (cfr. art. 17.º-G, n.º 5). Torna-se pertinente perguntar qual é a diferença entre a desistência do pedido ou da instância e a desistência das negociações.

Sob o ponto de vista dos respectivos regimes, a diferença entre as duas causas de encerramento do processo é manifesta. No primeiro caso, produzir-se-ão os efeitos gerais do encerramento dos processos, isto é, a extinção de todos os efeitos do PER. No segundo caso, aplica-se o disposto no art. 17.º-G, n.º 5. A desistência das negociações desencadeará, portanto, toda a tramitação subsequente à conclusão do processo negocial sem a aprovação do plano de recuperação, o que, abreviadamente, implica ou é susceptível de implicar o encerramento do processo negocial (cfr. art. 17.º-G, n.º 6), a emissão de um parecer do administrador judicial provisório sobre a situação do devedor, a eventual abertura de um processo de insolvência (cfr. art. 17.º-G, n.ºs 3 e 4) e, em qualquer caso, a impossibilidade de recorrer ao PER durante dois anos (cfr. art. 17.º-G, n.º 6) – enfim, um conjunto de consequências que faz com que a desistência das negociações surja indiscutivelmente como uma hipótese mais gravosa para o devedor do que aquilo que é habitual na hipótese da desistência do pedido ou da instância.

Isto faz prever (e recear) que, sempre que tenha liberdade de opção, o devedor use, sistematicamente, para a desistência das negociações, a faculdade geral de desistência do pedido ou da instância e nunca a faculdade especialmente prevista.

E na realidade, existe alguma possibilidade de estes casos de uso indevido ou abusivo serem detectados? E qual seria a melhor reacção?

---

pp. 250-251, e, em particular, FÁTIMA REIS SILVA, *Processo especial de revitalização – Notas práticas e jurisprudência recente*, cit., pp. 21-22, e RITA MOTA SOARES, "As consequências da não aprovação do plano de recuperação", cit., pp. 114-115). Como afirma esta última autora, a referência ao termo do processo negocial para delimitar o momento a partir do qual a desistência do pedido ou da instância se torna impossível, tem, inclusivamente, a vantagem de salvaguardar a hipótese de a comunicação do administrador judicial provisório ser tardiamente efectuada.

II. QUESTÕES JURISPRUDENCIAIS COM RELEVO DOGMÁTICO

No que toca à reacção judicial, a coisas seriam mais ou menos claras: em princípio, o juiz deveria recusar-se a proferir a sentença homologatória da desistência e o devedor deveria ficar sujeito ao prosseguimento do processo e às respectivas consequências. O problema fundamental localiza-se, contudo, a montante, ou seja, na detecção do uso abusivo.

Em primeiro lugar, deve dizer-se que é muito difícil traçar, em abstracto, as diferenças entre cada um dos instrumentos e, portanto, muito difícil determinar quando é possível considerar que existe uso indevido. Em que circunstâncias é adequado o exercício da faculdade geral de desistência do pedido ou da instância e em que circunstâncias é adequado o recurso à faculdade especial de desistência das negociações?

Em segundo lugar, mesmo que aquela distinção fosse viável, seria muito difícil identificar, em concreto, os casos de uso indevido, uma vez que o exercício de ambas as faculdades é independente de causa e o devedor não tem de motivar o pedido.

No sentido de dar alguma utilidade ao art. 17.º-G, n.º 5, poder-se-ia delimitar o uso adequado de cada um dos instrumentos com base num critério temporal: depois de abertas as negociações a desistência das negociações seria o meio próprio e exclusivo para operar a desistência. Aquilo que marcaria o limite a partir do qual deixaria de poder haver lugar à desistência da instância ou do pedido não seria o encerramento mas sim a abertura do processo negocial, sendo exclusivamente admissível, depois dessa fase, a desistência das negociações especialmente prevista no art. 17.º-F, n.º 5.

O problema é que são configuráveis casos em que esta solução não é, em princípio, razoável. Pense-se nas situações em que o devedor pretende desistir por causas que não lhe são imputáveis ou não permitem duvidar da genuinidade das suas intenções. Pense-se, por exemplo, no devedor que se apercebe, em pleno curso das negociações, que um credor com "poder de bloqueio" votará desfavoravelmente o plano de recuperação e que com isso ficará inviabilizada a aprovação deste. Pense-se ainda, por exemplo, no devedor que, por um golpe de fortuna, deixou de estar em insolvência iminente ou em situação económica difícil. Fará sentido sujeitar estes devedores inapelavelmente às consequências determinadas no art. 17.º-G?

Atendendo a estes riscos, resta subscrever a interpretação com base na qual a desistência do pedido ou da instância pode ocorrer livremente, isto é, sem as consequências do art. 17.º-G, até ao encerramento do processo negocial[73].

Evidentemente, é de antever que os casos de encerramento do processo com fundamento na desistência das negociações sejam raros (só ocorrendo por "ingenuidade" do devedor).

- Na jurisprudência, veja-se, com menos cautelas, defendendo, em geral, a equiparação da desistência do pedido ou da instância à desistência das negociações, o Ac. do TRL de 26.02.2015, Proc. 1807/14.7TYLSB--A.L1-6 (Relatora: Anabela Calafate), e o Ac. do TRG de 25.06.2015, Proc. 1315/14.6TBGMR.G1 (Relator: Heitor Gonçalves).

  Diz-se no sumário do primeiro: "- No processo especial de revitalização não está na disponibilidade do devedor fazer cessar esse processo pondo termo às negociações e recorrer novamente a esse processo quando lhe aprouver, pois, estando já em situação de insolvência, o encerramento do processo acarreta a sua insolvência e, se não estiver nessa situação, fica impedido por um período de dois anos a iniciar novo processo de revitalização. – Interpretar-se o nº 6 do art. 17º-G do CIRE como excluindo da proibição do recurso a um novo processo especial de revitalização pelo prazo de dois anos, o caso de o devedor utilizar a figura processual da desistência da instância prevista no Código de Processo Civil, é permitir defraudar aquela proibição legal, encontrando-se por essa via, o meio para o devedor instaurar e fazer cessar sucessivos processos especiais de revitalização, sem se sujeitar àquela limitação temporal e assim conseguir obstar à instauração de acções para cobrança de dívidas e obter a suspensão das acções em curso com idêntica finalidade ao abrigo do art. 17 – E nº 1 do CIRE".

---

[73] No último caso equacionado (o devedor que deixa de estar em insolvência iminente ou em situação económica difícil), a questão só faz, evidentemente, sentido quanto à produção do efeito da "quarentena" prevista no art. 17.º-G, n.º 6.

4. A propósito da votação do plano de recuperação

Bibliografia

CATARINA SERRA,
– "Mais umas "pinceladas" na legislação pré-insolvencial – Uma avaliação geral das alterações do DL n.º 26/2015, de 6 de Fevereiro, ao PER e ao SIREVE (e à luz do Direito da União Europeia)", in: *Direito das Sociedades em revista*, 2015, 13, pp. 43 e s.

Antes do DL n.º 26/2015, de 6 de Fevereiro, que, no que respeita ao PER, alterou unicamente a norma do art. 17.º-F, n.º 3, o teor deste preceito era o seguinte: "[c]onsidera-se aprovado plano de recuperação que reúna a maioria dos votos prevista no n.º 1 do artigo 212.º, sendo quórum deliberativo calculado com base nos créditos relacionados contidos na lista de créditos a que se referem os n.ºs 3 e 4 do artigo 17.º-D, podendo juiz computar os créditos que tenham sido impugnados se considerar que há probabilidade séria de tais créditos deverem ser reconhecidos, caso a questão ainda não se encontre decidida".

Remetendo para a disciplina do plano de insolvência, a norma suscitava, desde logo, o problema de saber se o disposto no art. 212.º, n.º 1, se aplicava ao PER em toda a sua extensão, ou seja, a questão de saber se era ou não exigido um quórum constitutivo.

Reduz-se a discussão, para simplificar, a três teses interpretativas.

Uma primeira considerava que a exigência, no quadro do plano de insolvência, de um quórum (constitutivo) de um terço da totalidade dos créditos era integralmente aplicável ao PER. O plano seria, assim, aprovado quando, votando credores que representassem, pelo menos, *um terço da totalidade dos créditos incluídos na lista de créditos*, obtivesse aprovação por *mais de dois terços dos votos emitidos*.

- Na jurisprudência, veja-se, aparentemente com este entendimento, entre outros, o Ac. do TRL de 29.01.2015, Proc. 1667/13.5TYLSB.L1 (Relator: ILÍDIO SACARRÃO MARTINS), o Ac. do TRL de 17.12.2014, Proc. 27911/13.0T2SNT.L1-8 (Relator: ILÍDIO SACARRÃO MARTINS), o Ac. do TRL de 8.05.2014, Proc. 195/13.3TYLSB-A.L1-6 (Relator: VÍTOR AMARAL), o Ac. do TRL de 14.11.2013, Proc. 16680/13.4T2SNT-D.L1-2 (Relatora: ONDINA CARMO ALVES), o Ac. do TRG de 1.10.2013, Proc. 1447/12.5TBEPS-A.G1 (Relator: FERNANDO FERNANDES

FREITAS), e o Ac. do TRE de 13.03.2014, Proc. 1327/13.7TBSTR.E1 (Relator: FRANCISCO XAVIER)[74].

Uma segunda entendia que não se aplicava a exigência de quórum constitutivo e que, por isso, bastava que o plano fosse aprovado por *mais de dois terços dos votos emitidos*, qualquer que fosse o montante dos créditos relativamente aos quais se exercesse o direito de voto. A tese aparece sustentada na doutrina[75] mas não teve expressão sensível na jurisprudência. Foi, contudo, a que, desde o início e até ao DL n.º 26/2015, recebeu o melhor acolhimento por parte dos administradores judiciais, por ser aquela que mais favorece a aprovação do plano de recuperação.

Uma terceira, sustentando também a inaplicabilidade da exigência de quórum constitutivo, considerava, todavia, que o plano teria de ser aprovado por *mais de dois terços dos créditos incluídos na lista de créditos*.

– Na jurisprudência, veja-se, com esta última interpretação, o Ac. do TRL de 23.01.2014, Proc. 4303/13.6TCLRS-A.L1-2 (Relatora: MARIA JOSÉ MOURO), o Ac. do TRL de 28.03.2014, Proc. 1861/12.6TYLSB-A. L1 (Relator: JOÃO VAZ GOMES)[76], e o Ac. do TRP de 16.09.2013, Proc. 1060/12.7TBLSD.P1 (Relator: MANUEL DOMINGOS FERNANDES)[77].

---

[74] Cfr. ANA PRATA / JORGE MORAIS CARVALHO / RUI SIMÕES, *Código da Insolvência e da Recuperação de Empresas*, cit., p. 67, NUNO SALAZAR CASANOVA / DAVID SEQUEIRA DINIS, *O processo especial de revitalização – Comentários aos artigos 17.º-A a 17.º-I do Código da Insolvência e da Recuperação de Empresas*, cit., p. 131, e PAULO DE TARSO DOMINGUES, "O processo especial de revitalização aplicado às sociedades comerciais", cit., 2014, p. 25.

[75] Cfr. LUÍS CARVALHO FERNANDES / JOÃO LABAREDA, *Código da Insolvência e da Recuperação de Empresas anotado. Sistema de Recuperação de Empresas por Via Extrajudicial (SIREVE) Anotado. Legislação Complementar*, cit., p. 173. Os autores recusam a exigência de um quórum constitutivo e calculam o quórum deliberativo por referência ao universo dos votos emitidos e sem incluir neste as abstenções.

[76] Acórdão ainda não publicado nem disponível na base de dados de acesso público da Direcção-Geral de Serviços Informáticos.

[77] Cfr. CATARINA SERRA, "Tópicos para uma discussão sobre o processo especial de revitalização (com ilustrações jurisprudenciais)", in: *Ab Instantia – Revista do Instituto do Conhecimento AB*, 2014, n.º 4, pp. 87-92 – inflectindo-se na posição manifestada antes [cfr. CATARINA SERRA, *O regime português da insolvência* (5.ª edição), cit., p. 180]. Parecendo poder ser reconduzidas à terceira tese mas não sendo absolutamente claro cfr. as teses de BERTHA PARENTE ESTEVES, "Da aplicação das normas relativas ao plano de insolvência ao plano de recuperação conducente

II. QUESTÕES JURISPRUDENCIAIS COM RELEVO DOGMÁTICO

Atendendo às características da votação do plano de recuperação no PER [a inexistência de uma assembleia de credores e a realização sempre por escrito da votação (cfr. art. 17.º-F, n.º 4)], não é, com efeito, admissível falar em "quórum constitutivo" e "quórum deliberativo" (e, na realidade, nem em "votos emitidos" e "abstenções"), sendo preferível falar, respectivamente, em "mínimo de participação" e em "mínimo de votos favoráveis" ou então em "quórum de votação" e em "quórum de aprovação".

De acordo com isto, parecia razoável entender – e foi esta a posição adoptada de início – que existiria um "quórum de votação", que estaria implícito no – e corresponderia ao – "quórum de aprovação" do plano[78 79].

Com a alteração levada a cabo em 2015, a verdade é que a norma do art. 17.º-F, n.º 3, deixou de remeter para o disposto no art. 212.º, n.º 1. A norma passou, então, a dizer: "[s]em prejuízo de o juiz poder computar no cálculo das maiorias os créditos que tenham sido impugnados se entender que há probabilidade séria de estes serem reconhecidos, considera-se aprovado plano de recuperação que: *a*) Sendo votado por credores cujos créditos representem, pelo menos, um terço do total dos créditos relacionados com direito de voto, contidos na lista de créditos a que se referem os n.ºs 3 e 4 do artigo

---

à Revitalização", cit., pp. 268 e s., e de Fátima Reis Silva, *Processo especial de revitalização – Notas práticas e jurisprudência recente*, cit., pp. 60-61.

[78] Cfr. Catarina Serra, "Tópicos para uma discussão sobre o processo especial de revitalização (com ilustrações jurisprudenciais)", cit., p. 88.

[79] Cfr., neste sentido, Rita Mota Soares, "As consequências da não aprovação do plano de recuperação", cit., pp. 95-98. Cfr. ainda a posição *sui* generis de Amélia Sofia Rebelo ["A aprovação e a homologação do plano de recuperação", in: Catarina Serra (coord.), *I Colóquio do Direito da Insolvência de Santo Tirso*, Coimbra, Almedina, 2014, pp. 71-83]. A autora comunga da tese na parte respeitante à inexigibilidade de quórum constitutivo e ao cálculo do quórum deliberativo por referência aos créditos relacionados contidos na lista de créditos. Dela diverge, porém, ao considerar que esta lista só pode incluir os créditos que tenham sido reclamados. A interpretação visa, alegadamente, manter-se fiel ao elemento literal, que impõe o cálculo do quórum deliberativo por referência aos créditos relacionados contidos na lista de créditos, e minimizar as dificuldades relacionadas com a aprovação de planos de recuperação. Segundo a autora, em todos os processos existem credores que não reclamam o seu crédito nem têm intenção de participar nas negociações e que não são, por isso, dignos de tutela. Se forem, no entanto, incluídos na lista, estes credores "pesam" para efeitos do cálculo do quórum deliberativo, podendo mesmo acabar por impedir a aprovação do plano de recuperação. Entende a autora que, por isso, estes credores devem ser excluídos do universo de referência para a aprovação, ou seja, da lista de credores.

17.º-D, recolha o voto favorável de mais de dois terços da totalidade dos votos emitidos e mais de metade dos votos emitidos corresponda a créditos não subordinados, não se considerando como tal as abstenções; ou *b*) Recolha o voto favorável de credores cujos créditos representem mais de metade da totalidade dos créditos relacionados com direito de voto, calculados de harmonia com o disposto na alínea anterior, e mais de metade destes votos corresponda a créditos não subordinados, não se considerando como tal as abstenções".

A primeira coisa que se nota é que norma se desdobrou em duas hipóteses/regras.

Não existem dúvidas de que a regra consagrada na nova al. *a*) da norma corresponde à primeira tese interpretativa. Resulta agora claro que o plano é aprovado sempre que, votando credores que representem, pelo menos, um terço da totalidade dos créditos incluídos na lista de créditos (quórum de votação, impropriamente chamado "quórum constitutivo"), existam votos favoráveis de credores que representem dois terços dos votos emitidos (primeiro quórum de aprovação, impropriamente chamado "quórum deliberativo"), sendo que mais de metade dos votos emitidos deve corresponder a créditos não subordinados (segundo quórum de aprovação).

Questão distinta desta é a de saber se a intenção foi a mesmo a de dissipar as dúvidas quanto à interpretação da norma e tornar visível a prevalência da primeira tese interpretativa. Se assim for, esta nova al. *a*) do n.º 3 do art. 17.º-F terá valor interpretativo, podendo funcionar para esclarecer os casos em que subsistam dúvidas quanto à melhor interpretação a dar à norma do n.º 3 do art. 17.º-F na sua anterior redacção.

A questão não é pouco pertinente. Imagine-se que um plano foi aprovado com base numa das outras teses interpretativas (por exemplo, sem que se tenha verificado o quórum de votação) e que um dos credores impugna a decisão judicial de homologação. Deverá o juiz decidir a impugnação dando prevalência à tese consagrada na nova norma, apesar de ela não resultar claramente da norma vigente à data da aprovação do plano?

O facto de a alteração ter envolvido a introdução, na al. *b*), de uma fórmula adicional para o cálculo das maiorias aponta para uma resposta negativa, uma vez que mostra, em princípio, que o objectivo da alteração terá sido (exclusivamente) o de facilitar a aprovação do plano.

II. QUESTÕES JURISPRUDENCIAIS COM RELEVO DOGMÁTICO

Naturalmente, por força da referência contida na norma do art. 17.º-F, n.º 3, al. *a)*, para o art. 17.º-D, n.ºs 3 e 4, o universo dos créditos a considerar para o quórum de votação é o que consta da lista definitiva de créditos ou, se esta ainda não estiver elaborada, da lista provisória de créditos. Neste último caso, de acordo com o proémio do art. 17.º-F, n.º 3, o juiz poderá ainda considerar créditos que tenham sido impugnados se entender que há "probabilidade séria" de virem a ser reconhecidos, havendo, então, duas operações a realizar: primeiro, descontar da lista os créditos que tenham sido impugnados e, depois, computar aqueles que (incluídos já ou não incluídos na lista) o juiz considere que têm probabilidade de ser reconhecidos.

Face ao disposto na parte final do art. 17.º-F, n.º 3, propende-se para concluir que não é necessário requerimento dos titulares de créditos impugnados para o juiz atribuir direito de voto a estes créditos[80]. Existindo uma (esta) regra regulando a computação dos créditos impugnados, não pode considerar-se que exista uma lacuna e, portanto, a norma do art. 73.º, n.º 4, aplicável no quadro do processo de insolvência, não tem qualquer papel a desempenhar aqui. Na prática, a exigência deste requerimento só causaria dificuldades dado que, não estando o juiz presente na votação, o credor teria de calcular a melhor oportunidade para o requerimento, considerando o prazo razoavelmente necessário para uma resposta em tempo útil.

Pondo-se fim a outra discussão, fica agora também claro, em face da parte final da norma, que as abstenções não contam como votos emitidos.

Mas esta não é a única novidade trazida pelo DL n.º 26/2015 no que respeita às maiorias exigidas para a aprovação do plano. Além do novo texto da al. *a)*, foi introduzida na norma uma al. *b)*, que abre uma nova possibilidade (uma possibilidade alternativa) de aprovação do plano: o plano considera-se ainda aprovado se obtiver votos favoráveis de credores cujos créditos representem mais de metade da totalidade dos créditos relacionados com direito de voto

---

[80] Cfr., no mesmo sentido, FÁTIMA REIS SILVA, *Processo especial de revitalização – Notas práticas e jurisprudência recente*, cit., p. 62. Cfr., em sentido contrário, LUÍS CARVALHO FERNANDES / JOÃO LABAREDA, *Código da Insolvência e da Recuperação de Empresas anotado. Sistema de Recuperação de Empresas por Via Extrajudicial (SIREVE) Anotado. Legislação Complementar*, cit., p. 173, BERTHA PARENTE ESTEVES, "Da aplicação das normas relativas ao plano de insolvência ao plano de recuperação conducente à Revitalização", cit., p. 272, e NUNO SALAZAR CASANOVA / DAVID SEQUEIRA DINIS, *O processo especial de revitalização – Comentários aos artigos 17.º-A a 17.º-I do Código da Insolvência e da Recuperação de Empresas*, cit., pp. 131 e s.

(primeiro quórum de aprovação), sendo que mais de metade destes votos deve corresponder a créditos não subordinados (segundo quórum de aprovação).

Diga-se, brevemente, que a referência contida na parte final da al. *b)* às abstenções, mais precisamente à impossibilidade de considerar "como tal" as abstenções não deve ser valorizada, uma vez que não se vê forma de lhe dar sentido no contexto da norma (os únicos votos a que a norma faz referência são os votos favoráveis). Parece, assim, tratar-se de um *lapsus calami* ou por simpatia com o disposto na al. *a)*.

Na hipótese prevista na al. *b)*, não há quórum de votação (ou melhor: há um quórum implícito no quórum de aprovação). Mas o quórum de aprovação é, em absoluto, mais elevado: mais de metade de todos os créditos relacionados é, em princípio, mais exigente do que mais de dois terços de, pelo menos, um terço dos créditos relacionados. Na realidade, porém, a norma tem utilidade nos casos (decerto não raros) em que, espontaneamente, participem na votação todos os credores ou credores que representem uma parte considerável dos créditos relacionados (mais do que um terço). Nestes casos, ao abrigo da al. *b)*, para que se considere o plano aprovado são suficientes os votos favoráveis de mais de metade [em vez dos dois terços que se exigiria se estivesse exclusivamente prevista a al. *a)*].

- Na jurisprudência, veja-se, comprovando a utilidade prática desta segunda via para a aprovação do plano de recuperação, o Ac. do TRC de 15.09.2015, Proc. 4064/14.1T8VIS.C1 (Relator: FERNANDO MONTEIRO). No acórdão sustenta-se, além do mais, a aplicabilidade da alteração trazida pelo DL n.º 26/2015 aos processos em curso em que votação seja posterior à data de entrada em vigor do referido diploma legal.

Ambas as regras mencionadas atrás (quanto ao universo de credores relevante ser o que consta da lista definitiva de créditos ou, se esta ainda não estiver elaborada, da lista provisória de créditos e à possibilidade de computação de créditos impugnados pelo juiz) valem também aqui. Quanto à primeira porque na al. *b)* do n.º 3 do art. 17.º, há uma remissão, apesar de indirecta, para o art. 17.º-D, n.ºs 3 e 4 ("calculados de harmonia com o disposto na alínea anterior"). Quanto à última porque a possibilidade de computação de créditos consta do proémio da norma.

II. QUESTÕES JURISPRUDENCIAIS COM RELEVO DOGMÁTICO

Tudo considerado, com a disponibilização de (destas) duas vias de aplicação alternativa (consoante o que seja mais propício a considerar o plano aprovado no caso concreto), o legislador veio facilitar a aprovação de planos de recuperação e, consequentemente, dar mais força ao primado da recuperação. Os dados coligidos no trimestre seguinte à data de entrada em vigor da alteração já demonstram este efeito: em alguns locais, cerca de metade dos planos de recuperação aprovados foram aprovados com base na al. *b)* do n.º 3 do art. 17.º[81].

Subsistem, contudo, alguns problemas que o DL n.º 26/2015 não resolveu.

Um deles tem a ver com a aplicabilidade ou não aplicabilidade ao PER das regras sobre a atribuição de direito de voto para o processo de insolvência. Estas são as estabelecidas, em geral, na norma do art. 73.º e, no âmbito do plano de insolvência, na norma do art. 212.º.

Para justificar a resposta afirmativa (a aplicabilidade) tem sido sublinhado que existe na disciplina do PER uma remissão expressa, de carácter geral, para as regras vigentes em matéria de aprovação e homologação do plano de insolvência (cfr. art. 17.º-F, n.º 5, *in fine,* dispondo que deverão ser aplicadas, "com as necessárias adaptações, as regras vigentes em matéria de aprovação e homologação do plano de insolvência previstas no Título IX").

Mas isto significa, quando muito, que estas regras *podem* ser aplicadas e não que a sua aplicação se justifica em todos os casos. A aplicação em definitivo passa necessariamente pela apreciação de cada uma.

No art. 212.º, n.º 2, al. *a),* procede-se a uma delimitação negativa do universo da lista de créditos incluídos na lista: os créditos não afectados pelo plano não emitem direito de voto, devendo ser deduzidos da lista de créditos incluídos na lista para efeitos de voto.

Atendendo àquilo que a norma visa salvaguardar (evitar que o plano de insolvência seja imposto aos credores afectados por aqueles que o não são), é aconselhável, por igualdade de razões, que ela se aplique ao PER[82]. Tem sido esta, aliás, a posição da maioria esmagadora da jurisprudência.

---

[81] Fonte: Turnwin (www.turnwin.pt).

[82] Cfr., no mesmo sentido, NUNO SALAZAR CASANOVA / DAVID SEQUEIRA DINIS, *O processo especial de revitalização – Comentários aos artigos 17.º-A a 17.º-I do Código da Insolvência e da Recuperação de Empresas,* cit., p. 69 e p. 137. Cfr., em sentido contrário, LUÍS CARVALHO FERNANDES / JOÃO LABAREDA, *Código da Insolvência e da Recuperação de Empresas anotado. Sistema de Recuperação de*

– Na jurisprudência, veja-se, no mesmo sentido, o Ac. do TRL de 16.04.2015, Proc. 1979-14.0TBSXL.L1-6 (Relator: TOMÉ RAMIÃO), o Ac. do TRL de 16.09.2014, Proc. 23097/13.9T2SNT.L1-1 (Relator: RIJO FERREIRA), o Ac. do TRL de 28.03.2013, Proc. 1861/12.6TYLSB--A.L1 (Relator: JOÃO VAZ GOMES)[83], o Ac. do TRL de 23.01.2014, Proc. 4303/13.6TCLRS-A.L1-2 (Relatora: MARIA JOSÉ MOURO), o Ac. do TRC de 21.04.2015, Proc. 349/14.5TBSRT.C1 (Relatora: MARIA DOMINGAS SIMÕES), o Ac. do TRC de 21.04.2015, Proc. 2281/13.0TBCLD.C1 (Relator: BARATEIRO MARTINS), o Ac. do TRC de 1.04.2014, Proc. 3330/13.8TBLRA-A.C1 (Relator: HENRIQUE ANTUNES), o Ac. do TRG de 12.02.2015, Proc. 689/13.0TBAMR-A.G1 (Relator: MANSO RAÍNHO), e o Ac. do TRE de 22.10.2015, Proc. 383/15.8T8STR.P1 (Relator: FRANCISCO MATOS). Destaca-se, de entre estes, o Ac. do TRL de 23.01.2014, Proc. 4303/13.6 TCLRS-A.L1-2 (Relatora: MARIA JOSÉ MOURO).

Diz-se aí no sumário: "II – Naquele processo quórum deliberativo tem como base os créditos relacionados constantes da lista de créditos a que se referem os nºs 3 e 4 do art. 17, o que não significa que todos os credores nela incluída tenham igualmente direito de voto; os credores cujos créditos hajam sido relacionados na já referida lista mas não hajam sido modificados pela parte dispositiva do plano não têm direito de voto". E diz-se, adiante, no relatório: "É o nº 2 daquele art. 212 que, procedendo a uma delimitação negativa, permite concluir quem tem direito de voto para efeitos do nº 1 do mesmo artigo. Ou seja, o quórum deliberativo tem como base a supra referida lista mas é delimitado negativamente pelo nº 2 do art. 212 que concretiza a quem não é conferido direito de voto. Efectivamente, nesta perspectiva, a aplicação do nº 1 do art. 212 pressupõe a consideração do nº 2 do mesmo artigo. Acresce, como pano de fundo que nos ajudará a uma melhor interpretação, que (como se viu) o nº 5 do art. 17-F manda aplicar, com as necessárias adaptações, as regras vigentes em matéria

---

Empresas por Via Extrajudicial (SIREVE) Anotado. Legislação Complementar, cit., p. 171 e p. 173, e BERTHA PARENTE ESTEVES, "Da aplicação das normas relativas ao plano de insolvência ao plano de recuperação conducente à Revitalização", cit., p. 272.

[83] Acórdão ainda não publicado ou disponível na base de dados de acesso público da Direcção--Geral de Serviços Informáticos.

de aprovação e homologação do plano de insolvência. Concluímos, pois, face ao que acabámos de expor, que os credores cujos créditos hajam sido relacionados na já referida lista mas não hajam sido modificados pela parte dispositiva do plano não têm direito de voto, sendo de aplicar a delimitação constante do n.º 2-a) do art. 212. O que algum sentido prático faz, aliás, em caso como dos autos em que a aprovação do plano resulta essencialmente do sentido de voto do credor que não viu os seus créditos por algum modo afectados, enquanto os restantes credores tiveram os seus créditos diminuídos em 75%".

Exclui-se, evidentemente, a aplicabilidade da al. *b)* do n.º 2 do art. 212.º porque a articulação com o disposto no n.º 4 torna esta norma incompatível com o PER. Na realidade, no PER há sempre a continuidade da exploração da empresa.

No que toca ao art. 73.º, aplica-se, evidentemente, o disposto no n.º 1, sob pena de não existir qualquer critério para a atribuição do número de votos a cada crédito. Assim, cada crédito relacionado na lista de créditos confere, em geral, um voto por cada euro ou fracção.

Fica afastada a aplicabilidade do disposto na parte final da norma e nas als. *a)* e *b)*, por incompatibilidade com o disposto nas normas próprias do PER, do qual resulta que o universo de referência para a votação do plano do revitalização é sempre, por força do art. 17.º-F, n.º 3, o dos créditos relacionados e contidos na lista de créditos (provisória ou definitiva).

Poderia conceber-se ainda a possibilidade de aplicar o art. 73.º, n.º 2, ou seja, a regra de que cabe ao juiz fixar o número de votos que corresponde aos créditos sob condição suspensiva atendendo à probabilidade de verificação da condição. Afirmar a aplicabilidade desta norma pressuporia, todavia, que se reconhecesse a possibilidade de reclamação de créditos sob condição suspensiva. A melhor solução é, porém, a contrária.

A verdade é que só são susceptíveis de reclamação os créditos existentes ou os que se constituam até o despacho "de abertura" do PER, que é a altura a partir da qual se produzem os principais efeitos processuais (cfr. art. 17.º-E, n.º 1)[84]. Assim, ou a condição se verifica até lá e o crédito pode ser reclamado

---

[84] Cfr., neste sentido, embora estendendo a possibilidade de qualificação como credor para estes efeitos até ao final do prazo para as reclamações de créditos, Nuno Salazar Casanova/

mas já não é condicional ou a condição não se verifica até lá e o crédito não pode ser reclamado. Em contrapartida, o plano de recuperação, em princípio, não vinculará estes credores, pois quem não tem a qualidade de credor, pelo menos condicional, e não pode participar nas negociações não é abrangido para os efeitos da norma do art. 17.º-F, n.º 6.

Quanto ao art. 73.º, n.º 3, ou seja, à regra de que os créditos subordinados só conferem direito de voto aquando da assembleia para aprovação do plano de recuperação, a sua inaplicabilidade é razoavelmente segura. Como é do conhecimento geral, no PER não há constituição de assembleia de credores.

Por fim, e no que toca à norma do art. 73.º, n.º 4, como se viu, há uma regra sobre a mesma matéria na parte final do art. 17.º-F, n.º 3, pelo que não há qualquer lacuna na disciplina do PER que torne necessária ou útil a sua aplicação.

5. A propósito da não aprovação do plano de recuperação

5.1. Qual são os efeitos do parecer do administrador judicial provisório quando ele se pronuncia no sentido da insolvência do devedor?

Bibliografia
CATARINA SERRA,
– "Revitalização – A designação e o misterioso objecto designado. O processo homónimo (PER) e as suas ligações com a insolvência (situação e processo) e com o SIREVE", in: CATARINA SERRA (coord.), *I Congresso de Direito da Insolvência*, Coimbra, Almedina, 2013, pp. 85 e s.

Após alguma reflexão, sintetizaria as posições anteriormente manifestadas sobre esta matéria, dizendo que o parecer do administrador judicial provisório a que se refere o art. 17.º-F, n.º 2, tem como efeito nuclear e imediato o de obrigar este órgão a requerer a declaração de insolvência do devedor.

/DAVID SEQUEIRA DINIS, *O processo especial de revitalização – Comentários aos artigos 17.º-A a 17.º-I do Código da Insolvência e da Recuperação de Empresas*, cit., pp. 58-59. Cfr., em sentido contrário, BERTHA PARENTE ESTEVES, "Da aplicação das normas relativas ao plano de insolvência ao plano de recuperação conducente à Revitalização", cit., p. 272, e FÁTIMA REIS SILVA, *Processo especial de revitalização – Notas práticas e jurisprudência recente*, cit., p. 47 e p. 63.

Por sua vez, o requerimento de declaração de insolvência tem o efeito exclusivo de obrigar sempre à abertura de um processo de insolvência contra o devedor.

Não haverá, assim, em rigor, aquilo que costumar designar-se "conversão" ou "convolação" de processos mas sim, simplesmente, um processo que se segue a outro[85]. Indo mais longe, não haverá – não deverá haver – uma declaração de insolvência imediata, seja proferida em PER ou em processo de insolvência subsequentemente aberto[86] [87].

A opinião da jurisprudência maioritária começou por ser a oposta. E, ao que tudo indica, ainda hoje se mantém.

- Veja-se, por todos, o Ac. do TRG de 24.10.2013, Proc. 1368/12.1TBEPS--A.G1 (Relator: MANUEL BARGADO), onde categoricamente se afirma que o encerramento do processo especial de revitalização *acarreta* a declaração de insolvência do devedor, ou o Ac. do TRC de 10.03.2015, Proc. 5204/13.3TBLRA-C.C1 (Relator: FONTE RAMOS), onde se acrescenta que nem por isso o direito de defesa do devedor fica precludido, uma vez que o devedor dispõe sempre das faculdade de dedução de embargos à sentença e de interposição de recurso.

A verdade é que já há sinais – cada vez mais abundantes – da inversão da tendência nos tribunais.

- Veja-se, por exemplo, o Ac. do STJ de 17.11.2015, Proc. 801/14.2TBPBL--C.C1.S1 (Relator: JOSÉ RAÍNHO), o Ac. do TRL de 9.12.2015, Proc. 16770/15.9T8SNT-B.L1-6 (Relatora: MARIA DE DEUS CORREIA), o Ac. do TRL de 3.11.2015, Proc. 1161/15.OT8VFX-E.L1-1 (Relatora: ROSÁRIO

---

[85] Cfr., também neste sentido, por exemplo, Luís CARVALHO FERNANDES / João LABAREDA, *Código da Insolvência e da Recuperação de Empresas anotado. Sistema de Recuperação de Empresas por Via Extrajudicial (SIREVE) Anotado. Legislação Complementar*, cit., p. 181.

[86] Quer dizer: indo mais longe do que em posição manifestada antes [cfr. CATARINA SERRA, "Revitalização – A designação e o misterioso objecto designado. O processo homónimo (PER) e as suas ligações com a insolvência (situação e processo) e com o SIREVE", cit., p. 101].

[87] Criticando a solução oposta (a declaração imediata de insolvência) mas, aparentemente, conformando-se com a realidade, cfr. ALEXANDRE SOVERAL MARTINS, "O P.E.R." (Processo Especial de Revitalização)", cit., pp. 38-39, e *Um Curso de Direito da Insolvência*, cit., pp. 492-494.

GONÇALVES), o Ac. do TRP de 26.03.2015, Proc. 89/15.8T8AMT-C.
P1 (Relator: LEONEL SERÔDIO), o Ac. do TRC de 8.07.2015, Proc.
801/14.2TBPBL-C.C1 (Relator: ANTÓNIO MAGALHÃES), e o Ac. do
TRE de 15.07.2015, Proc. 529/14.3T8STB-E.E (Relator: RUI MACHADO
E MOURA).

Diz-se no sumário do primeiro: "I. O requerimento do administrador
judicial provisório tendente à declaração de insolvência do devedor no
contexto dos nºs 3 e 4 do art. 17º-G do CIRE não equivale ao pedido
de insolvência por apresentação do devedor. II. Não é aplicável, neste
caso e a despeito da remissão constante do nº 4, o segmento inicial do
art. 28º do CIRE, pelo que não existe reconhecimento pelo devedor da
sua situação de insolvência. III. Os nºs 3 e 4 do art. 17º-G do CIRE, ao
determinarem a insolvência a requerimento do administrador judicial
provisório sem prévia audição judicial do devedor e sem que este tenha
aceitado a situação de insolvência, padecem de inconstitucionalidade
por violação dos princípios contidos nos nºs 1 e 4 do art. 20º da CRP.
IV. Declarada a insolvência nestas circunstâncias, o recurso contra a
decisão não supre a omissão do contraditório, nem cabe legalmente
ao devedor a possibilidade de exercer o contraditório subsequente
mediante oposição por embargos. V. Por efeito da referida inconstitucionalidade, impõe-se o exercício do contraditório mediante a
aplicação, por analogia, dos art.s 30º e 35º do CIRE".

A posição adoptada – de recusa do automatismo / imediatismo da declaração de insolvência – apoia-se em duas ordens de razões, aqui enunciadas
sob a forma de perguntas.

Primeiro, haveria alguma justificação para que um parecer do administrador judicial provisório fosse vinculativo para o juiz?

Segundo, haveria alguma justificação para que o devedor visse o seu direito
fundamental de defesa ou contraditório drasticamente diminuído?

Fazendo uma interpretação restritiva do art. 17.º-G, n.º 3, dir-se-á que só
na eventualidade de o devedor, ouvido pelo administrador judicial provisório, concordar com a qualificação da sua situação como de insolvência deverá o parecer ter maior alcance, permitindo equiparar o requerimento do
administrador judicial provisório à situação de apresentação à insolvência.

II. QUESTÕES JURISPRUDENCIAIS COM RELEVO DOGMÁTICO

Dando-se, nesse caso, nos termos do art. 28.º, a insolvência por confessada, só então poderia ela ser imediatamente declarada no (subsequente) processo de insolvência[88].

É verdade que, havendo declaração imediata também nos casos restantes, o devedor não fica absolutamente desprovido de meios de defesa. Cabe-lhe, ainda que em momento ulterior, a possibilidade de se opor, apresentando embargos ou recurso da sentença declaratória, nos termos dos arts. 40.º e 42.º[89][90].

É visível, todavia, que isso representa uma injustificada diminuição dos instrumentos de defesa face á situação normal em que a insolvência é requerida por um sujeito diverso do devedor.

Para evitar esta discrepância geral e, em particular, para assegurar que os efeitos do parecer do administrador são os mesmos tanto nas hipóteses em que existe processo de insolvência suspenso (em que ainda haverá lugar à oposição ao pedido de declaração de insolvência) e aquelas em que tal processo não existe, só pode fazer-se uma leitura: a de que a declaração de insolvência não é imediata, devendo dar-se ao devedor a oportunidade de exercer o direito ao contraditório nos termos habituais.

- Na jurisprudência, veja-se, com a (mesma) preocupação de uniformização dos efeitos do parecer do administrador nas hipóteses em que existe processo de insolvência suspenso e aquelas em que tal processo não existe, mas defendendo uma tese diferente, isto é, de que, por isso, em qualquer caso, a declaração de insolvência deve ser imediatamente proferida pelo juiz do PER, o Ac. do TRC de 18.12.2013, Proc. 5649/12.6TBLRA-C.C1 (Relator: Falcão de Magalhães).

---

[88] Cfr., neste sentido, Rita Mota Soares, "As consequências da não aprovação do plano de recuperação", cit., pp. 99-106.

[89] Não está a considerar-se aqui a hipótese de a equiparação do requerimento do administrador judicial provisório à apresentação do devedor à insolvência ser levada às últimas consequências, caso em que até o recurso a estes instrumentos ficaria precludido.

[90] Pondo várias reservas à solução no plano da sua constitucionalidade mas parecendo satisfazer-se com a possibilidade de apresentação de embargos e recurso à sentença declaratória de insolvência, nos termos dos arts. 40.º e s., cfr. Nuno Salazar Casanova / David Sequeira Dinis, *O processo especial de revitalização – Comentários aos artigos 17.º-A a 17.º-I do Código da Insolvência e da Recuperação de Empresas*, cit., pp. 165-166.

Como se disse atrás, não pode aceitar-se que se veja como efeito normal da aplicação da lei (a mesma lei que é fonte do Direito) a declaração de insolvência de sujeitos não insolventes.

Isto não significa – mais uma vez – que o parecer do administrador judicial provisório não tenha utilidade e, por isso, deixe de ser obrigatório.

- Na jurisprudência, veja-se, quanto à (inequívoca) obrigatoriedade deste parecer, o Ac. do TRP de 23.06.2015, Proc. 169/15.0T8AMT--C.P1 (Relator: João Diogo Rodrigues), o Ac. do TRP de 9.10.2014, Proc. 974/13.1TBPFR.P1 (Relatora: Deolinda Varão), o Ac. do TRP de 12.11.2013, Proc. 1782/12.2TJPRT.P1 (Relator: João Diogo Rodrigues), o Ac. do TRG de 10.07.2014, Proc. 6696/13.6TBBRG. G1 (Relator: Filipe Caroço), e o Ac. do TRG de 23.10.2014, Proc. 1499/14.3TBGMR-B.G1 (Relatora: Helena Melo).

O incumprimento desta obrigação por parte do administrador judicial provisório conduzirá, em última análise, como já se decidiu na jurisprudência, à destituição dele por justa causa e à constituição dele em responsabilidade.

Quanto à utilidade, como se disse, no caso de o parecer do administrador judicial provisório ser no sentido da insolvência do devedor, aquele fica constituído na obrigação de requerer a respectiva declaração de insolvência.

Além disso, e uma vez que o PER é apensado ao processo de insolvência, o parecer do administrador tem outra função: funciona como um dos elementos a considerar pelo juiz para a decisão judicial sobre a insolvência do devedor. Vindo de alguém que acompanhou de próximo e durante tempo considerável o devedor, este é um elemento cuja importância é indiscutível.

- Na jurisprudência, veja-se, salientando a posição ideal que o administrador judicial provisório ocupa para se pronunciar sobre a situação em que, a final, se encontra o devedor, o Ac. do TRP de 12.11.2013, Proc. 1782/12.2TJPRT.P1 (Relator: João Diogo Rodrigues).

5.2. O que acontece, nestes casos, ao processo de insolvência suspenso?

Bibliografia
CATARINA SERRA,
– "Revitalização – A designação e o misterioso objecto designado. O processo homónimo (PER) e as suas ligações com a insolvência (situação e processo) e com o SIREVE", in: CATARINA SERRA (coord.), *I Congresso de Direito da Insolvência*, Coimbra, Almedina, 2013, pp. 85 e s.

Como se afirmou reiteradamente, não há motivo para que o art. 8.º, n.º 2, não seja aplicável, com as devidas adaptações, ao PER[91]. A disciplina em causa representa, além do mais, um importante ganho na economia processual.

Assim sendo, o tribunal deve suspender o processo de insolvência aberto na sequência do PER e fazer prosseguir o processo de insolvência suspenso, que é anterior[92].

- Existe já abundante jurisprudência neste sentido. Veja-se o Ac. do STJ de 17.11.2015, Proc. 1250/14.8T8AVR-A.P1.S1 (Relator: JÚLIO GOMES), o Ac. do STJ de 8.09.2015, Proc. 5649/12.6TBLRA-N.C1.S1 (Relator: JOÃO CAMILO), o Ac. do TRC de 10.03.2015, Proc. 5204/13.3TBLRA-C.C1 (Relator: FONTE RAMOS), o Ac. do TRC de 24.09.2013, Proc. 995/12.1TBVNO-C.C1 (Relator: AVELINO GONÇALVES), o Ac. do TRG de 9.07.2015, Proc. 2898/14.6TBBRG-C.G1 (Relator: CARVALHO GUERRA), e o Ac. do TRE de 16.01.2014, Proc. 988/13.1TBPTM-A.E1 (Relator: FRANCISCO XAVIER).

  Diz-se no sumário do último: "A norma do n.º 2 do artigo 8º do CIRE, que determina a suspensão da instância se contra o mesmo devedor correr processo de insolvência instaurado por outro requerente cuja

---

[91] Cfr. CATARINA SERRA, "Revitalização – A designação e o misterioso objecto designado. O processo homónimo (PER) e as suas ligações com a insolvência (situação e processo) e com o SIREVE", cit., p. 93.

[92] Cfr., no mesmo sentido, FÁTIMA REIS SILVA, *Processo especial de revitalização – Notas práticas e jurisprudência recente*, cit., p. 56 e p. 73, e, desenvolvidamente e de forma muito convincente, RITA MOTA SOARES, "As consequências da não aprovação do plano de recuperação", cit., pp. 99-106. Cfr., em sentido diverso, ANA PRATA / JORGE MORAIS CARVALHO / RUI SIMÕES, *Código da Insolvência e da Recuperação de Empresas*, Coimbra, Almedina, 2013, p. 70 (o processo de insolvência suspenso não deve ser retomado).

petição inicial tenha primeiramente dado entrada em juízo, é aplicável, mesmo no caso de o processo de insolvência mais recente ter resultado da conversão do Processo Especial de Revitalização".

– Veja-se, em sentido contrário, entre outros, o Ac. do TRC de 18.12.2013, Proc. 5649/12.6TBLRA-C.Cl (Relator: Falcão de Magalhães), e o Ac. do TRC de 12.03.2013, Proc. 6070/12.1TBLRA-A.Cl (Relatora: Albertina Pedroso) (ambos sustentando que mesmo quando exista processo de insolvência suspenso a insolvência é decretada no próprio PER e este se convola em processo de insolvência).

5.3. Estão as pessoas singulares impedidas de apresentar um plano de pagamentos em processo de insolvência subsequente?

No que toca às pessoas singulares, a jurisprudência (aquela que admite o PER de pessoas singulares) divide-se ainda quanto à questão de saber se, uma vez aberto (ou retomado) o processo de insolvência que se segue ao encerramento do PER, o devedor tem a possibilidade de apresentar ou propor, como é habitual, um plano de pagamentos e, no caso afirmativo, qual o respectivo prazo.

– Na jurisprudência, veja-se, a favor da admissibilidade de plano de pagamentos, o Ac. do TRC de 13.10.2015, Proc. 996/15.8T8LRA-E.Cl (Relatora: Catarina Gonçalves), o Ac. do TRG de 24.10.2013, Proc. 1368/12.1TBEPS-A.Gl (Relator: Manuel Bargado), e o Ac. do TRE de 15.07.2015, Proc. 529/14.3T8STB-E.E (Relator: Rui Machado e Moura).

– Veja-se, contra a sua admissibilidade, o Ac. do TRL de 26.11.2015, Proc. 812-15.0T8VFX-B.L1-6 (Relatora: Maria de Deus Correia), o Ac. do TRL de 29.10.2015, Proc. 673/15.0T8AGH-C.L1-6 (Relator: António Martins), o Ac. do TRL de 23.04.2015, Proc. 3142/12.6YXLSB--F.L1-2 (Relator: Jorge Leal), e o Ac. do TRC de 30.06.2015, Proc. 1687/15.5T8CBR-C.Cl (Relator: Fonte Ramos).

A principal dificuldade é que, nos termos do art. 251.º e 253.º, o plano de pagamentos tem de ser apresentado conjuntamente com a petição inicial ou,

II. QUESTÕES JURISPRUDENCIAIS COM RELEVO DOGMÁTICO

quando a declaração de insolvência tenha sido requerida por pessoa que não o devedor, dentro do prazo da oposição.

A ser admissível o entendimento atrás descrito quanto aos efeitos do parecer do administrador judicial provisório a que se refere o art. 17.º-F, n.º 2, não haverá particulares problemas nos casos em que o devedor não tenha concordado com o parecer do administrador judicial – haverá sempre, nestes casos, lugar à oposição do devedor.

Nos restantes casos, porém, a declaração é imediata, não havendo espaço para a apresentação do plano de pagamentos antes desta.

Para que o devedor não fique, contudo, privado de um direito seu e cujo exercício representa, na realidade, a única via para evitar, no caso das pessoas singulares, a liquidação patrimonial, é razoável que se entenda que ele pode apresentar o plano em momento posterior[93].

> – Destaque deve ser dado ao (já referido) Ac. do TRG de 24.10.2013, Proc. 1368/12.1TBEPS-A.G1 (Relator: Manuel Bargado).
>
> Diz-se aí no sumário: "II – Nesse caso, não tendo sido possível ao devedor/insolvente apresentar o plano de pagamentos a que alude o art. 251º do CIRE, não se vislumbram razões substantivas ou de outra natureza que impeçam aquele de, na assembleia de credores subsequente à declaração de insolvência referida em I, apresentar ou propor um plano de pagamentos que possa vir a merecer a aprovação dos credores. III – Tal mostra-se, aliás, em consonância com os princípios da adequação formal e da cooperação plasmados nos artigos 265.º-A e 266.º do CPC, os quais se encontram constitucionalmente tutelados pelos princípios do acesso ao direito e à tutela jurisdicional efectiva, consignados no art. 20.º da Constituição". O entendimento é adoptado no Ac. do TRE de 4.02.2016, Proc. 7080/15.2T8STB-B.E1 (Relator: Paulo Amaral).
>
> Veja-se, contudo, a decisão dissonante do (também já referido) Ac. do TRC de 13.10.2015, Proc. 996/15.8T8LRA-E.C1 (Relatora: Catarina Gonçalves).

---

[93] Cfr., neste sentido, Rita Mota Soares, "As consequências da não aprovação do plano de recuperação", cit., pp. 106-107.

Diz-se aí no sumário: "II – A circunstância de a insolvência ter sido declarada como decorrência do encerramento do processo especial de revitalização sem a aprovação e homologação de um plano de recuperação – situação em que não se configuram os momentos que a lei elege como adequados à apresentação do plano de pagamentos (a petição inicial ou em alternativa à contestação do processo de insolvência, consoante o processo seja da iniciativa do próprio devedor ou de terceiro) – não determina que o devedor possa apresentar esse plano a qualquer momento após a declaração da sua insolvência. III – Ainda que se admita que o recurso ao PER não impossibilita o devedor de vir a apresentar um plano de pagamentos e ainda que se considere necessária a adaptação e adequação do regime legal a essa situação (por não se configurarem os momentos que a lei elege como adequados à apresentação do plano), tal adequação conduziria, quando muito, a permitir que o devedor apresentasse o plano de pagamentos quando tomasse conhecimento de que o processo de revitalização iria prosseguir como processo de insolvência ou em prazo razoável após esse conhecimento, não justificando que, na assembleia de apreciação do relatório (meses depois da declaração da insolvência), lhe possa e deva ser ainda concedido um qualquer prazo para tal apresentação".

6. A propósito da homologação do plano de recuperação

6.1. Deve ser homologado plano que modifique os créditos tributários?

Bibliografia
Catarina Serra,
– *O regime português da insolvência* (5.ª edição), Coimbra, Almedina, 2012.
– "Créditos tributários e princípio da igualdade entre os credores – Dois problemas no contexto da insolvência de sociedades", in: *Direito das Sociedades em Revista*, 2012, vol. 8, pp. 75 e s.

Diz-se já, que atendendo ao princípio do primado da recuperação e ao princípio da universalidade atrás referidos, a resposta não pode outra senão a afirmativa. A solução da homologação do plano não obstante as modificações

II. QUESTÕES JURISPRUDENCIAIS COM RELEVO DOGMÁTICO

previstas no plano de recuperação para os créditos tributários, isto é, os créditos titulados pelo Estado (impostos) ou pela Segurança Social (contribuições), é a única compatível com aqueles princípios.

A posição adoptada foi apresentada, há tempo, a propósito da homologação do plano de recuperação no âmbito do processo de insolvência[94][95]. Mas vale, até por maioria de razão (uma vez que o PER é, por excelência, um processo de recuperação e um processo pré-insolvencial) no domínio do PER.

Com base na ideia de que a função de recuperação de empresas é – deve ser – uma das funções irrenunciáveis de qualquer lei da insolvência, sustentou-se, então, uma leitura restritiva das normas que compõem o regime tributário, ou, em alternativa, uma interpretação do art. 30.º da Lei Geral Tributária (LGT), nomeadamente do seu n.º 3, conforme ao "Memorando de entendimento sobre os condicionalismos específicos de política económica" de 17 de Maio de 2011, considerando, em particular, a obrigação do Estado de "rever a lei tributária com vista à remoção de impedimentos à reestruturação voluntária de dívidas".

Recorde-se que o art. 30.º, n.º 2, da LGT dispõe que "[o] crédito tributário é indisponível, só podendo fixar-se condições para a sua redução ou extinção com respeito pelo princípio da igualdade e da legalidade tributária" e que o n.º 3, aditado pela Lei do Orçamento de Estado para 2011, determina que "[o] disposto no número antedito prevalece sobre qualquer legislação especial".

Como é do conhecimento geral, numa primeira fase, isto é, antes do aditamento do n.º 3 ao art. 30.º da LGT, a maioria da jurisprudência respondia afirmativamente à questão da susceptibilidade de modificação dos créditos tributários. O seu argumento central era a regra *lex specialis derrogat lex generalis*, ou seja, que os interesses subjacentes à lei especial da insolvência não eram compatíveis com a aplicação das disposições gerais da lei tributária e, por isso, aquela deveria prevalecer sobre esta.

---

[94] Cfr. CATARINA SERRA, "Créditos tributários e princípio da igualdade entre os credores – Dois problemas no contexto da insolvência de sociedades", in: *Direito das Sociedades em Revista*, 2012, vol. 8, pp. 75 e s.

[95] Depois disso, tem havido na doutrina alguns desenvolvimentos – em menos quantidade do que seria desejável mas, sem dúvida, interessantes. Cfr., por exemplo, JOAQUIM FREITAS DA ROCHA, "A blindagem dos créditos tributários, o processo de insolvência e a conveniência de um Direito tributário flexível", in: CATARINA SERRA (coord.), *I Colóquio de Direito da Insolvência – Santo Tirso*, Coimbra, Almedina, 2014, pp. 181 e s.

O aditamento do n.º 3 ao art. 30.º da LGT, consagrando expressamente a prevalência do princípio da indisponibilidade dos créditos tributários mesmo nos casos de legislação especial, foi um pesado obstáculo no caminho que a jurisprudência vinha trilhando. Face à letra da lei, tornava-se, de facto, impossível continuar a sustentar aquele argumento. Isso reflectiu-se, de forma sensível, nas decisões relativas tanto ao plano de recuperação do processo de insolvência quanto ao plano de recuperação do PER, entretanto criado.

– Na jurisprudência, veja-se, afirmando, de uma forma geral, que a modificação (extinção e redução) dos créditos tributários representa uma violação de regras legais imperativas que fere o plano de recuperação de nulidade (total) e deve, por isso, conduzir a uma recusa liminar da sua homologação, o Ac. do TRL de 11.03.2014, Proc. 1783/12.0TYLSB--B.L1-1 (Relator: MANUEL MARQUES), o Ac. do TRL de 30.01.2014, Proc. 1390/13. 0TBTVD-B.L1-6 (Relator: GILBERTO JORGE), o Ac. do TRL de 28.01.2014, Proc. 498.14.0TYLSB-D.L1-7 (Relatora: MARIA DO ROSÁRIO MORGADO), o Ac. do TRL de 12.12.2013, Proc. 640/10.0 TBPDL-T.L1-1 (Relator: PEDRO BRIGHTON), o Ac. do TRP de 19.01.2015, Proc. 3557/13.2TBGDM-C.P1 (Relator: ABÍLIO COSTA), o Ac. do TRP 15.05.2014, Proc. 48/13.5TYVNG.P1 (Relatora: TERESA SANTOS), o Ac. do TRP de 17.02.2014, Proc. 966/12.8TYVNG.P1 (Relator: ALBERTO RUÇO), o Ac. do TRP de 26.11.2013, Proc. 1071/12.2TYVNG.P1 (Relatora: MARIA GRAÇA MIRA), o Ac. do TRP de 21.10.2013, Proc. 1426/12.2TYVNG.P1 (Relator: CARLOS QUERIDO), o Ac. do TRP de 10.10.2013, Proc. 4183/12.9TBPRD.P1 (Relatora: JUDITE PIRES), o Ac. do TRP de 30.09.2013, Proc. 4819/12.1TBSTS-A.P1 (Relator: OLIVEIRA ABREU), o Ac. do TRP de 16.09.2013, Proc. 1060/12.7TBLSD.P1 (Relator: MANUEL DOMINGOS FERNANDES), o Ac. do TRP de 10.07.2013, Proc. 257/12.4TBMCD-C.P1 (Relator: RUI MOREIRA), o Ac. do TRP de 28.06.2013, Proc. 4944/12.9TBSTS-A.P1 (Relatora: MARIA AMÁLIA SANTOS), o Ac. do TRP de 17.06.2013, Proc. 2836/12.0TJVNF.P1 (Relatora: MARIA ADELAIDE DOMINGOS), o Ac. do TRC de 9.09.2014, Proc. 1556/12.0TBTMR.C1 (Relatora: SÍLVIA PIRES), o Ac. do TRC de 1.10.2013, Proc. 1786/12.5TBTNV.C2 (Relator: BARATEIRO MARTINS), o Ac. do TRC de 24.09.2013, Proc. 36/13.1TBNLS.C1 (Relator:

FREITAS NETO), o Ac. do TRC de 17.09.2013, Proc. 285/12.0TBMLD. Cl (Relatora: MARIA DOMINGAS SIMÕES), o Ac. do TRG de 25.11.2013, Proc. 7348/12.0TBBRG.G1 (Relator: ANTÓNIO SANTOS), o Ac. do TRG de 29.10.2013, Proc. 8180/12.6TBBRG.G1 (Relator: EDGAR GOUVEIA VALENTE), o Ac. do TRG de 1.10.2013, Proc. 3809/12.9TBBCL.G1 (Relatora: MARIA DA PURIFICAÇÃO CARVALHO), o Ac. do TRG de 11.07.2013, Proc. 1411/12.4TBEPS-A.G1 (Relator: ANTÓNIO SOBRINHO), o Ac. do TRG de 23.04.2013, Proc. 2848/12.4TBGMR.G1 (Relator: ANTÓNIO SANTOS), o Ac. do TRE de 8.10.2015, Proc. 250/14.2TBA-BT.E1 (Relator: JAIME PESTANA), o Ac. do TRE de 10.09.2015, Proc. 1317/13.0TBABT.E1 (Relator: SILVA RATO), o Ac. do TRE de 13.02.2014, Proc. 40/13.0T2GLD-A.E1 (Relatora: ASSUNÇÃO RAIMUNDO), e o Ac. do TRE de 30.01.2014, Proc. 630/13.TBABT.E1 (Relatora: ELISABETE VALENTE).

Mais recentemente, regista-se, com agrado, a emergência de sinais da inflexão desta tendência. O propósito geral é, do mesmo modo, o de salvaguardar o plano de recuperação mas, desta feita, com argumentos e instrumentos distintos dos usados anteriormente.

Baseando-se na essência contratual do plano de recuperação, o Supremo Tribunal de Justiça e alguns Tribunais da Relação têm vindo a afirmar o plano de recuperação pode e deve ser homologado desdém que se preservem os créditos tributários. Para tanto basta que se proceda, segundo uns, à restrição dos efeitos do plano aos créditos não tributários e, segundo outros, presumindo-se que a vontade hipotética ou conjectural das partes é no sentido de conservar o plano, à redução do plano às cláusulas incidentes sobre estes últimos créditos.

A nova solução encontrada na jurisprudência desdobra-se, então, em rigor, em duas: a ineficácia relativa (ou inoponibilidade parcial) e a redução do plano. Como é manifesto, cada uma delas parte do seu pressuposto: a primeira pressupõe a validade do plano e a segunda a sua nulidade parcial.

- Na jurisprudência, veja-se, seguido a primeira via *(tese maioritária)*, o Ac. do STJ de 13.11.2014, Proc. 217/11.2TBBGC-R.P1.S1 (Relator: FONSECA RAMOS), o Ac. do STJ de 18.02.2014, Proc. 1786/12.5TB-TNV.C2.S1 (Relator: FONSECA RAMOS), o Ac. do TRL de 30.04.2015,

Proc. 2192-13.0TYLSB.L1-8 (Relatora: OCTÁVIA VIEGAS), o Ac. do TRL de 8.05.2014, Proc. 7965/13.0T2SNT.L1-2 (Relatora: ONDINA CARMO ALVES), o Ac. do TRL de 20.02.2014, Proc. 174/13.0TYLSB-A.L1-6 (Relator: ANTÓNIO MARTINS), o Ac. do TRP de 1.07.2014, Proc. 1021/13.9TJVNF.P1 (Relatora: MARIA DO CARMO RODRIGUES), o Ac. do TRP de 20.05.2014, Proc. 3926/13.8TBVFR.P1 (Relatora: MARIA GRAÇA MIRA), o Ac. do TRC de 9.09.2014, Proc. 1556/12.0TBTMR.C1 (Relatora: SÍLVIA PIRES), o Ac. do TRC de 24.06.2014, Proc. 1969/13.0TBVIS.C1 (Relatora: REGINA ROSA), o Ac. do TRC 25.03.2014, Proc. 132/13.5T2AVR.C1 (Relatora: ALBERTINA PEDROSO), o Ac. do TRG de 15.10.2015, Proc. 1651/14.1TBBCL.G1 (Relatora: EVA ALMEIDA), o Ac. do TRG de 9.07.2015, Proc. 715/14.6TBVVD.G1 (Relatora: ISABEL ROCHA), o Ac. do TRG de 6.03.2014, Proc. 643/13.2TBBCL-A.G1 (Relator: ESTELITA DE MENDONÇA), o Ac. do TRG de 15.10.2013, Proc. 8604/12.2TBBRG.G1 (Relatora: MANUELA FIALHO), e o Ac. do TRG de 18.06.2013, Proc. 4021/12.2TBGMR.G1 (Relatora: ROSA TCHING), o Ac. do TRE de 28.05.2015, Proc. 199/14.9TBACN-A.E1 (Relatora: CONCEIÇÃO FERREIRA), e o Ac. do TRE de 29.01.2015, Proc. 77/14.1TBARL.E1 (Relatora: CONCEIÇÃO FERREIRA).

– Veja-se, defendendo a segunda via *(tese minoritária)*, o Ac. do STJ de 13.11.2014, Proc. 3970/12.2TJVNF-A.P1.S1 (Relator: SALRETA PEREIRA), e o Ac. do TRP de 14.04.2015, Proc. 1529/14.9TBPRD.P1 (Relator: VIEIRA E CUNHA).

Paralelamente ao movimento geral, e em posição mais ou menos isolada, ainda há quem mantenha a tese da validade e da eficácia irrestritas do plano de recuperação não obstante as modificações aos créditos tributários.

– Na jurisprudência, veja-se, neste sentido, o Ac. do TRE de 6.06.2013, Proc. 1.309/12.6 (Relator: CANELAS BRÁS), em que se assume uma posição singular.
O sumário é do seguinte teor: "I. O Estado soberano que elaborou as leis que protegem os seus créditos de impostos – com prazos, garantias e exigências próprias – é o mesmo Estado soberano que fez o CIRE,

pelo que, aquando da elaboração deste, conhecia bem a existência daquelas. II. Nada impede, pois, a homologação do Plano de recuperação no qual sejam afastados regimes tidos por imperativos em matéria de prazos e garantias de pagamento desses tributos, desde que se não verifiquem casos de recusa da homologação pelo juiz previstos nos artigos 215.º e 216.º do CIRE". O tribunal alegou, em síntese, que a criação do PER é posterior ao aditamento do n.º 3 ao art. 30.º da LGT, e que seria aí, no diploma que criou o PER, que o legislador deveria ter esclarecido que o plano de recuperação não podia conter medidas do tipo em apreço. Como não o fez, conclui-se que não foi sua intenção fazê-lo".

Em particular, no que toca ao Supremo Tribunal de Justiça, a sua primeira tomada de posição foi favorável à solução da eficácia relativa.

– A posição foi assumida no (referido) Ac. do STJ de 18.02.2014, Proc. 1786/12.5TBTNV.C2.S1 (Relator: FONSECA RAMOS).
Diz-se aí num extenso mas sugestivo sumário: "I. O Direito falimentar português tem sido objecto de reformas, sempre oscilando entre dois paradigmas, tendo em conta a situação da economia e das empresas – indissociável da conjuntura económica e financeira nacional e transnacional – num tempo histórico em que a globalização, tornou vulneráveis as economias de muitos países, mormente, daqueles cuja situação económica e financeira, por ser mais precária, foi mais atingida por uma nova realidade: um dando primazia à recuperação, outro privilegiando a liquidação de empresas em estado de insolvência iminente. 2. A Lei nº16/2012, de 20 de Abril, reformou aspectos do CIRE, em consequência das obrigações assumidas pelo Estado por imposição do Memorando da *troika* que, nos pontos 2.17, 2.18, e 2.19 – *"Enquadramento legal da reestruturação de dívidas de empresas e de particulares"*, dispõe: "2.17. A fim de melhor facilitar a recuperação efectiva de empresas viáveis, o Código de Insolvência será alterado até ao fim de Novembro de 2011, com assistência técnica do FMI, para, entre outras, introduzir uma maior rapidez nos procedimentos judiciais de aprovação de planos de reestruturação. 2.18. Princípios gerais de reestruturação voluntária extra judicial em

conformidade com boas práticas internacionais serão definidos até fim de Setembro de 2011. 2.19. *As autoridades tomarão também as medidas necessárias para autorizar a administração fiscal e a segurança social a utilizar uma maior variedade de instrumentos de reestruturação baseados em critérios claramente definidos, nos casos em que outros credores também aceitem a reestruturação dos seus créditos, e para rever a lei tributária com vista à remoção de impedimentos à reestruturação voluntária de dívidas.*" 3. Daqui decorre que o Estado, num quadro de forte constrangimento económico e financeiro, assumiu o compromisso de legislar no sentido de introduzir um quadro legal de cooperação e flexibilização dos seus créditos quando estiver em causa a aceitação de reestruturação de créditos de outros credores, ou seja, o Estado Português, aceitou adoptar legislativamente, procedimentos flexíveis quanto aos seus créditos, que no direito português como é consabido, se apresentam exornados de fortes garantias (v.g. privilégios creditórios), em ordem à salvaguarda das empresas em comunhão de esforços com os credores particulares, dando primazia à recuperação. 4. Esse foi o caminho trilhado pela Jurisprudência dos Tribunais Superiores antes mesmo da Reforma de 2012, ao considerar que o Estado, no contexto do processo insolvencial, poderia ver os seus créditos afectados por decisão dos credores, porquanto as prerrogativas dos seus créditos, no contexto da relação tributária não seriam, sem mais, transponíveis para o processo universal que a insolvência é, e por isso, não estavam os créditos da Autoridade Tributária numa posição de *intangibilidade*, enquanto os credores privados renunciavam aos seus direitos na tentativa de recuperar a empresa e, reflexamente, outros interesses a ela ligados, onde nem sequer é despiciendo aludir aos benefícios que o erário público colhe quando uma empresa é recuperada e não liquidada pela inviabilidade da sua recuperação. 5. O legislador, alterou a Lei Geral Tributária *blindando* os créditos fiscais. O art. 30º, nº 2, estatui – "*O crédito tributário é indisponível, só podendo fixar-se condições para a sua redução ou extinção com respeito pelo princípio da igualdade e da legalidade tributária*", tendo art. 125º da Lei nº55-A/2010, de 31.12, (Lei do Orçamento para 2011), aditado um nº3, ao art. 30º para que não restassem dúvidas: "*O disposto no número anterior prevalece sobre qualquer legislação especial.*" 6. Reafirmando com indiscutível clareza a

II. QUESTÕES JURISPRUDENCIAIS COM RELEVO DOGMÁTICO

indisponibilidade dos créditos tributários, proibindo a sua redução ou extinção e tendo em conta a amplitude do conceito de *"relação tributária"* e o que a constitui – cfr. art. 30º, nº1, als. a) a e) – o direito insolvencial, após a reforma de 2012, quando conjugado com aqueles preceitos da LGT é dificilmente harmonizável. 7. Como é notório, quer os créditos do Estado, quer os de outras entidades, como a Segurança Social, representam em grande número de casos, avultadas somas, daí que, a manterem-se intocados, todo esforço de recuperação da insolvente ficará a cargo dos credores comuns ou preferenciais da insolvência, que terão de arcar com a modificabilidade e mesmo a supressão dos seus créditos e garantias, ante o Estado que nada cedendo, se coloca numa posição de *jus imperii*, num processo em que só, excepcionalmente, deveria ter tratamento diferenciado. 8. Numa perspectiva de adequada ponderação de interesses, tendo em conta os fins que as leis falimentares visam, pode violar o *princípio da proporcionalidade* admitir que o processo de insolvência seja colocado em pé de igualdade com a execução fiscal, servindo apenas para a Fazenda Nacional actuar na mera posição de reclamante dos seus créditos, sem atender à particular condição dos demais credores do insolvente ou pré-insolvente, que contribuem para a recuperação da empresa, abdicando dos seus créditos e garantias, permanecendo Estado alheio a esse esforço, escudado em leis que contrariam o seu *Compromisso* de contribuir para a recuperação das empresas, como resulta do *Memorandum* assinado com a *troika* e até das normas que, no contexto do PER, o legislador fez introduzir no CIRE. 9. O que dissemos, numa perspectiva de mais lato enquadramento da questão decidenda, terá que ter em conta o que constitui a pretensão recursiva da recorrente; com efeito, apenas pede que se considere ineficaz, em relação à Fazenda Nacional e ao Instituto de Segurança Social, I.P. a eficácia do Plano que foi homologado, ou seja, que não produza quaisquer efeitos relativamente a tais credores, por não respeitar quanto a estes credores o regime previsto no DL. nº 411/91 (recuperação de contribuições em dívida da Segurança Social), e na LGT relativamente aos créditos tributários, solução esta adoptada no acórdão-fundamento, que foi confirmado pelo Acórdão deste Supremo Tribunal de Justiça, de 10 de Maio de 2012 –

Proc. 368/10.0TBPVL-D.G1.S1 – in www.dgsi.pt. 10. O plano de insolvência, assente numa ampla liberdade de estipulação pelos credores do insolvente, constitui um *negócio atípico*, sendo-lhe aplicável o regime jurídico da ineficácia, por isso Plano de Recuperação da empresa que for aprovado, não é oponível ao credor ou credores que não anuíram à redução ou à modificação *lato sensu* dos seus créditos"[96].

Mais tarde, contudo, foi adoptada a solução da nulidade parcial e da redução do plano.

- Trata-se do *(referido)* Ac. do STJ de 13.11.2014, Proc. 3970/12.2TJVNF--A.P1.S1 (Relator: SALRETA PEREIRA).
  No sumário deste, mais curto e incisivo, diz-se o seguinte: "I – Apesar da alteração do CIRE, introduzida pela Lei n.º 16/2012, de 20-04, dando prevalência à recuperação económica do devedor e relegando para um plano secundário a liquidação do respectivo património, através da criação do processo especial de revitalização – cf. arts. 1.º, n.º 1, e 17.º-A do CIRE –, a LGT consagra a indisponibilidade dos créditos tributários e a prevalência do seu regime sobre qualquer legislação especial, designadamente no âmbito dos processos de insolvência – cf. arts. 30.º, n.ºs 2 e 3, e 125.º da LGT. II – Os arts. 30.º e 125.º da LGT são imperativos quanto à impossibilidade da redução ou extinção dos créditos tributários no processo de insolvência. III – A inclusão, no acordo de recuperação de empresa, da redução dos créditos tributários e do seu pagamento em prestações, com um período de carência, conduz à nulidade dessas cláusulas, mas não à nulidade de todo o plano de recuperação – cf. art. 292.º do CC".
  Note-se, contudo, o voto de vencido do Conselheiro Fonseca Ramos e a respectiva declaração de voto. Entre outros argumentos, advertiu o Conselheiro para o carácter atípico do negócio jurídico que está na base do plano, carácter que torna difícil que, em sede de recurso de

---

[96] Cfr. ainda ANTÓNIO FONSECA RAMOS, "Os Créditos tributários e a homologação do plano de recuperação da insolvência", in: CATARINA SERRA (coord.), *III Congresso de Direito da Insolvência*, Coimbra, Almedina, 2015, pp. 361 e s.

revista, se possa considerar cumprido o ónus probatório que toda a redução implica (o ónus a cargo da parte que pretende a declaração de invalidade total do negócio). Segundo o Conselheiro Fonseca Ramos, nestas circunstâncias (sem haver lugar a discussão), não se pode dar por não demonstrado que os credores que aprovaram o plano o não aprovariam sem as propostas nulas.

Deixando de lado o debate sobre qual das soluções deve prevalecer, cabe notar que elas conduzem, na prática, aos mesmos resultados, conseguindo, de facto, minimizar os efeitos indesejáveis da imediata não homologação do plano na hipótese de modificação dos créditos tributários. Mas a verdade é que, por mais que isso aconteça, nenhuma das soluções é perfeita ou isenta de críticas.

Por um lado, seja com a redução do clausulado seja com a restrição dos seus efeitos, o plano que vem, a final, a ser judicialmente homologado já não corresponde rigorosamente ao plano aprovado pelos credores, o que suscita preocupações ao nível da tutela da confiança[97]. Por outro lado, pode ter deixado de ser adequado a realizar a recuperação no caso concreto.

Atendendo a estes riscos, seria de toda a conveniência que, antes de decidir a homologação, o juiz convidasse o devedor e os credores privados a pronunciarem-se sobre o "novo" plano de recuperação (o plano reduzido ou relativizado nos seus efeitos). A homologação deveria, com efeito, ficar condicionada à confirmação de que, apesar de tudo, o plano continuava a ser desejado pela generalidade os credores privados e continuava a ser útil como via para a realização da recuperação do devedor. E é isto que, felizmente, alguns juízes começam já a fazer em primeira instância[98].

6.2. Quais são os efeitos da não homologação do plano?

Tendo em conta que existe alguma proximidade entre a não homologação e a não aprovação do plano de recuperação (já que são ambas manifestações do insucesso do PER), poderá perguntar-se se o (gravoso) regime do art. 17.º-G se circunscreve aos casos de encerramento do processo devido à falta

---

[97] Cfr., no mesmo sentido, FÁTIMA REIS SILVA, *Processo especial de revitalização – Notas práticas e jurisprudência recente*, cit., p. 67.

[98] Disto dá conta REINALDO MÂNCIO DA COSTA, "Os requisitos do plano de recuperação", cit., p. 265 (e nota 10).

de aprovação do plano (por conclusão antecipada de que tal aprovação não seria possível, decurso do prazo ou desistência das negociações) ou se, inversamente, abrange igualmente os casos de encerramento do processo devido (apenas) à falta da sua homologação judicial[99].

Se é favorável a uma resposta negativa o elemento literal respeitante à epígrafe do art. 17.º-G e ao teor do art. 17.º-G, n.º 1, não pode deixar de se notar que, ainda no plano literal, o art. 17.º-I, n.º 5, no contexto do procedimento de homologação de acordos extrajudiciais, manda aplicar à não homologação do plano o disposto nos n.ºs 2 a 4 e 7 do art. 17.º-G, equiparando, assim, as duas situações. Acresce que, na prática, há alguma analogia entre a situação de não aprovação e a situação de não homologação do plano. A questão merece, assim, ser convenientemente ponderada.

Atendendo à letra da lei, parece, de facto, ser possível concluir que a disciplina do art. 17.º-G está reservada aos casos em que se torna flagrante que o PER não é – não era *ab initio* – o instrumento adequado para resolver a situação do devedor. Será, portanto, legítimo presumir, em face da epígrafe e do teor do preceito, que ele se aplica apenas aos casos de não aprovação do plano de recuperação. E será esta, no essencial, a posição assumida em definitivo, mas não sem a ressalva que seguidamente se expõe[100].

A verdade é que não pode excluir-se, sem mais, que a não homologação judicial do plano seja imputável às mesmas circunstâncias a que é, em regra, imputável a sua não aprovação, manifestando-se a referida analogia. O plano pode, por exemplo, ter sido considerado aprovado mas apenas porque foram desrespeitadas as normas aplicáveis à votação e à aprovação. Ora, isto só é susceptível de ser detectado em momento posterior – no momento da homologação judicial. Não é esta situação, em última análise, susceptível de recondução à hipótese de não aprovação do plano? Nestes casos excepcionais – mas só

[99] Cfr., em sentido contrário, Nuno Salazar Casanova / David Sequeira Dinis, *O processo especial de revitalização – Comentários aos artigos 17.º-A a 17.º-I do Código da Insolvência e da Recuperação de Empresas*, cit., pp. 168-169.

[100] Cfr., neste sentido, Rita Mota Soares, "As consequências da não aprovação do plano de recuperação", p. 95. Cfr., em sentido oposto, Maria do Rosário Epifânio, *Manual de Direito da Insolvência*, Coimbra, Almedina, 2014 (6.ª edição), p. 267 (defendendo a interpretação extensiva do art. 17.º-G), e Alexandre Soveral Martins, "O P.E.R." (Processo Especial de Revitalização)", cit., p. 32, e *Um Curso de Direito da Insolvência*, cit., pp. 483-484 (equacionando, embora com dúvidas, a hipótese da analogia).

II. QUESTÕES JURISPRUDENCIAIS COM RELEVO DOGMÁTICO

nestes – poderá sustentar-se uma interpretação extensiva da norma, ou seja, a extensão dos efeitos da não aprovação do plano à não homologação do plano.

No que respeita ao art. 17.º-I, n.º 5, e à (ao argumento da) equiparação entre a não homologação e a não aprovação do plano, deve ter-se presente que aquilo que pode dar origem à não homologação do plano no âmbito do procedimento de homologação de acordos extrajudiciais (PER abreviado) é, em princípio, distinto daquilo que pode dar-lhe origem no âmbito do PER ordinário. Pode ser, e na maioria dos casos é, a não aprovação do plano nos termos legalmente exigidos. Aí, a remissão para o art. 17.º-G, n.ºs 2 a 4 e 7, justifica-se. Quando, pelo contrário, a não homologação se deva a causas diversas, será de equacionar a sua exclusão, por via de uma interpretação restritiva, da norma do art. 17.º-I, n.º 5.

Em síntese, a regra é a de que os efeitos da não homologação do plano no PER são os efeitos típicos do encerramento dos processos. Produzem-se, então, entre outros, a destituição do administrador judicial provisório, a recuperação, por parte do devedor, do poder de praticar actos de especial relevo sem necessidade da autorização do administrador, o prosseguimento de todas as acções suspensas contra o devedor, inclusivamente o processo de insolvência, e a recuperação, por parte dos credores, do poder de propor acções contra o devedor.

– Cfr., na jurisprudência, no sentido propugnado, por exemplo, o Ac. do TRP de 26.09.2016, Proc. 5200/15.6T8OAZ-A.P1 (Relator: MANUEL DOMINGOS FERNANDES), o Ac. do TRC de 27.01.2015, Proc. 170/14.0TB-CDR.C1 (Relator: FONTE RAMOS) e o Ac. do TRE de 17.08.2016, Proc. 383/16.0T8OLH.E1 (Relator: FRANCISCO MATOS).
Diz-se no sumário do primeiro: "verificando-se o encerramento do processo especial de revitalização na sequência da não homologação de determinado plano de recuperação visando a revitalização do devedor e permanecendo o mesmo em situação económica difícil ou em situação de insolvência meramente iminente, mas que ainda seja susceptível de recuperação (art.º 17º-A, n.º 1, do CIRE) e estando reunidos os demais requisitos legalmente previstos, nenhum obstáculo se levanta a que se dê início a novo processo especial de revitalização, sem a limitação temporal prevista no citado n.º 6 do art.º 17º-G, do CIRE (aplicável aos casos de extinção do processo sem aprovação de plano de recuperação)".

Um esclarecimento final é devido quanto à (im)possibilidade de, após a recusa de homologação, ser apresentado novo plano, que, designadamente, resulte da eliminação das cláusulas que motivaram tal recusa.

Só deverá ser possível apresentar novo plano quando este possa ser negociado e aprovado ainda dentro do curso do prazo do art. 17.º-D, n.º 5, uma vez que, neste caso, o interesse geral que a fixação do referido prazo visa tutelar não sofre, efectivamente, qualquer lesão.

- Cfr., na jurisprudência, neste sentido, o Ac. do TRG de 10.04.2014, Proc. 1083/13.9TBBRG.G2 (Relator: ANTÓNIO BEÇA PEREIRA).
  Diz-se aí no sumário: "No processo especial de revitalização, decorrido o prazo do n.º 5 do artigo 17.º-D CIRE e não sendo homologado o plano de revitalização que entretanto tinha sido aprovado, não é admissível que depois se apresente um segundo plano 'para homologação ou recusa da mesma pelo juiz'".

7. A propósito da execução do plano de recuperação

7.1. Quais são os efeitos da homologação do plano relativamente aos garantes do devedor?

Bibliografia
CATARINA SERRA,
– "Nótula sobre o art. 217.º, n.º 4, do CIRE (o direito de o credor agir contra o avalista no contexto de plano de insolvência)", in: *Estudos dedicados ao Professor Doutor Luís Alberto Carvalho Fernandes* – volume I, Universidade Católica, 2011, pp. 377 e s.
– "Mais umas "pinceladas" na legislação pré-insolvencial – Uma avaliação geral das alterações do DL n.º 26/2015, de 6 de Fevereiro, ao PER e ao SIREVE (e à luz do Direito da União Europeia)", in: *Direito das Sociedades em revista*, 2015, 13, pp. 43 e s.

Sobre esta matéria já se adoptou posição, pese embora no âmbito do plano de insolvência[101].

---

[101] Cfr. CATARINA SERRA, "Nótula sobre o art. 217.º, n.º 4, do CIRE (o direito de o credor agir contra o avalista no contexto de plano de insolvência)", in: *Estudos dedicados ao Professor Doutor Luís Alberto Carvalho Fernandes* – volume I, Universidade Católica, 2011, pp. 377 e s.

II. QUESTÕES JURISPRUDENCIAIS COM RELEVO DOGMÁTICO

As questões centrais são duas.

Trata-se, por um lado, de saber se o plano pode modificar, além das formas de satisfação do crédito perante o devedor, também as formas de satisfação perante o garante e se tais modificações são vinculativas para o credor, ao abrigo do art. 17.º-F, n.º 6.

Trata-se, por outro lado, de saber se no silêncio do plano quanto ao garante as modificações do crédito previstas no plano se estendem (aproveitam) a este último.

A resposta da jurisprudência a ambas as questões é predominantemente negativa. Entre outras coisas, sustenta-se que os garantes (sobretudo os avalistas) não estão sob tutela do plano de recuperação e, por isso, este só vincula os credores relativamente ao devedor requerente, não sendo susceptível de regular nem de afectar a relação entre os credores e os garantes[102].

– Na jurisprudência, veja-se, com esta argumentação, o Ac. do TRE de 13.08.2013, Proc. 983/12.8TBENT.E1 (Relator: CANELAS BRÁS), onde se alega que, no caso contrário, o plano estaria a cumprir funções diversas aquela para que está vocacionado (a função de revitalização). Veja-se ainda, afirmando, de uma forma geral, a insusceptibilidade do plano de recuperação para afectar a situação jurídica dos garantes, o Ac. do TRL de 24.11.2015, Proc. 339/15.0T8PDL.L1-1 (Relatora: MARIA DA GRAÇA ARAÚJO), o Ac. do TRL de 27.10.2015, Proc. 416/15.8T8PDL. L1-7 (Relatora: ROSA RIBEIRO COELHO), o Ac. do TRL de 4.06.2015, Proc. 125-13.2TCFUN-A.L1-6 (Relator: VÍTOR AMARAL), o Ac. do TRL de 19.09.2013, Proc. 877/13.0TVLSB.L1-8 (Relator: ILÍDIO SACARRÃO MARTINS), o Ac. do TRP de 25.11.2014, Proc. 2055/13.9TBGDM--A.P1 (Relator: JOSÉ CARVALHO), o Ac. do TRP de 7.10.2014, Proc. 3803/13.2TBGDM-A.P1 (Relator: JOSÉ IGREJA MATOS), o Ac. do TRP de 16.09.2014, Proc. 1527/13.0TBVNG-A.P1 (Relator: M. PINTO DOS SANTOS), o Ac. do TRP de 9.07.2014, Proc. 1213/12.8TBVFR-B.P1 (Relator: JOSÉ AMARAL), o Ac. do TRP de 2.06.2014, Proc. 758/13.7TBMTS-A.

---

[102] Assim também na doutrina. Cfr., genericamente neste sentido, referindo-se ao fiador e ao banco garante no caso das garantias bancárias autónomas, NUNO SALAZAR CASANOVA / DAVID SEQUEIRA DINIS, *O processo especial de revitalização – Comentários aos artigos 17.º-A a 17.º-I do Código da Insolvência e da Recuperação de Empresas*, cit., pp. 60 e s.

P1 (Relator: Augusto de Carvalho), o Ac. do TRC de 1.12.2015, Proc. 808/14.0TBCVL-A.C1 (Relator: Manuel Capelo), o Ac. do TRC de 3.06.2014, Proc. 1030/13.8TBTMR-B.C1 (Relatora: Anabela Luna de Carvalho), o Ac. do TRC de 3.06.2014, Proc. 281/13.0TBOHP-A.C1 (Relatora: Catarina Gonçalves), o Ac. do TRG de 5.11.2015, Proc. 657/14.5TBBRG.G1 (Relator: Jorge Teixeira), o Ac. do TRG de 24.09.2015, Proc. 378/14.9T8VNF.G1 (Relator: Jorge Teixeira), o Ac. do TRG de 10.12.2013, Proc. 1083/13.9TBBRG.G1 (Relator: António Beça Pereira), o Ac. do TRG de 5.12.2013, Proc. 2088/12.2TBFAF-B.G1 (Relator: Helena Melo), e o Ac. do TRE de 29.01.2015, Proc. 1030/13.8TBTMR-A.E1 (Relator: Silva Rato).

A comprovar, todavia, que a unanimidade não é completa, veja-se, por exemplo, o Ac. do TRG de 8.01.2015, Proc. 703/14.2TBBRG.G1 (Relatora: Ana Cristina Duarte), e o Ac. do TRE de 13.03.2014, Proc. 1327/13.7TBSTR.E1 (Relator: Francisco Xavier).

Diz-se no sumário deste último: "I. A estipulação no Plano de Recuperação no Processo Especial de Revitalização, que condiciona o pagamento pelos devedores, avalistas de crédito reclamado e reconhecido, ao incumprimento do Plano de Insolvência aprovado no processo de insolvência do avalizado, onde o mesmo crédito foi contemplado, não viola os artigos 32º da LULL e 217º, n.º 4, do Código da Insolvência e da Recuperação de Empresas. II. Tal condicionante não é intolerável e justifica-se em prol da revitalização dos devedores com o Plano de Recuperação, a que o credor tem que se sujeitar por resultar do acordo dos credores e ter sido aprovado com a maioria e *quórum* legalmente exigidos, e assim homologado". E diz-se, adiante, no relatório: "Aqui, não está em causa a possibilidade de a apelante demandar os avalistas exigindo deles o pagamento do seu crédito. Tanto não está que a apelante reclamou o crédito e o mesmo foi considerado no Plano de Recuperação aprovado e homologado, pelo que não ocorre qualquer violação do artigo 32º da LULL. E, como bem salientam os recorridos da homologação da medida adoptada nos presentes autos, que estabelece uma moratória no pagamento da dívida, não decorre violação do n.º 4 do artigo 217º do Código da Insolvência e da Recuperação de Empresas, porque a mesma não afecta a existência nem o montante

II. QUESTÕES JURISPRUDENCIAIS COM RELEVO DOGMÁTICO

dos direitos dos credores da insolvência contra os condevedores ou os terceiros garantes da obrigação, que, aliás, são os devedores nestes autos. O que sucede é que da estipulação em causa resulta uma moratória quanto ao pagamento do crédito, não que o detentor não possa exigir dos garantes aqui devedores. Mas esta moratória é uma condicionante que não é intolerável nem excessiva e que se justifica em prol da revitalização dos devedores com o Plano de Recuperação, a que o Apelante tem que se sujeitar por ter sido aprovado com a maioria e *quórum* legalmente exigidos, e assim homologado".

Contra a tese dominante (negativa), diga-se, desde já, que a nova disciplina do SIREVE introduzida pela Lei n.º 16/2015, de 6 de Fevereiro, ou seja, a equiparação da posição dos garantes à do devedor quanto aos efeitos do despacho de aceitação do requerimento de utilização do SIREVE e da aprovação do acordo obtido, veio retirar força a um dos argumentos centrais em que ela assenta. Apesar de esta ser, como se viu, uma equiparação limitada (de ter sido pensada para funcionar no estrito campo dos efeitos processuais), ela demonstra em definitivo que os processos pré-insolvenciais não só são aptos para tutelar os interesses dos garantes como que, em certos casos, desempenham mesmo esta função[103].

Mas há outras razões para considerar que o plano é susceptível de afectar a relação entre os credores e os garantes. Como o PER tem base contratual (é, essencialmente, um contrato), domina o princípio da liberdade contratual. Desde que sejam respeitadas as normas imperativas aplicáveis, são previsíveis modificações às formas de satisfação do crédito (também) perante o garante[104]. Depois, porque o PER, sendo um contrato, não é um contrato comum mas tem efeitos "reforçados", estas modificações impõem-se aos credores independentemente do seu consentimento expresso.

Mesmo assim, a questão não fica inteiramente resolvida. É preciso esclarecer se existe alguma norma imperativa que limite aquela liberdade contratual. É preciso esclarecer, mais precisamente, se a norma (imperativa) do art. 217.º,

---

[103] Cfr., sobre isto, CATARINA SERRA, "Mais umas "pinceladas" na legislação pré-insolvencial – Uma avaliação geral das alterações do DL n.º 26/2015, de 6 de Fevereiro, ao PER e ao SIREVE (e à luz do Direito da União Europeia)", cit., pp. 43 e s.
[104] Cfr., também neste sentido, BERTHA PARENTE ESTEVES, "Da aplicação das normas relativas ao plano de insolvência ao plano de recuperação conducente à Revitalização", cit., p. 275.

O PROCESSO ESPECIAL DE REVITALIZAÇÃO NA JURISPRUDÊNCIA

n.º 4, é aplicável ao PER e, no caso afirmativo, de que forma ela condiciona ou conforma a disciplina geral.

Recorde-se que a norma do art. 217.º, n.º 4, determina que "[a]s providências previstas no plano de insolvência com incidência no passivo do devedor não afectam a existência nem o montante dos direitos dos credores da insolvência contra os condevedores ou os terceiros garantes da obrigação, mas estes sujeitos apenas poderão agir contra o devedor em via de regresso nos termos em que o credor da insolvência pudesse exercer contra ele os seus direitos".

Não se vê razões para recusar a aplicação analógica da norma do art. 217.º, n.º 4, ao PER. Tendo em vista a similitude entre o plano de recuperação no âmbito do PER e o plano de recuperação no âmbito do processo de insolvência ao nível da natureza jurídica e das funções, mais do que simplesmente não ser incompatível com o regime do PER, a norma do art. 217.º, n.º 4, apresenta-se como a norma *própria* para regular o caso[105].

E sendo aplicável a norma do art. 217.º, n.º 4, ela faculta, desde logo, uma resposta (afirmativa) à segunda questão central atrás enunciada – a questão de saber se no silêncio do plano quanto ao garante as modificações do crédito aí acordadas se estendem ao garante. Continua, no entanto, a ser necessário determinar o sentido e o alcance da norma.

Note-se a precisão do legislador ao identificar aquilo que, no que respeita aos direitos contra os condevedores e os terceiros garantes da obrigação, é insusceptível de ser afectado pelas providências adoptadas no plano de insolvência: a existência e o montante do crédito. Por outras palavras: o que resulta do preceito é que o perdão concedido ao insolvente não extingue a responsabilidade dos condevedores e garantes e nem a redução do valor da dívida do insolvente desonera os condevedores e garantes da responsabilidade de pagamento da totalidade.

Visivelmente, a intenção é a de salvaguardar os direitos dos credores da insolvência contra os condevedores e garantes apenas em relação aos efeitos de duas das típicas providências com incidência no passivo: o perdão e a redução do montante dos créditos. Em conformidade com isso, ficam fora do alcance

---

[105] Cfr., em sentido contrário, MANUEL JANUÁRIO DA COSTA GOMES, "Sobre os poderes dos credores contra os fiadores no âmbito de aplicação do CIRE. Breves notas", in: CATARINA SERRA (coord.), *III Congresso de Direito da Insolvência*, Coimbra, Almedina, 2015, pp. 333 e s.

II. QUESTÕES JURISPRUDENCIAIS COM RELEVO DOGMÁTICO

da norma os casos em que sobre o crédito incidam providências com efeitos menos drásticos, como o condicionamento do reembolso, a modificação do prazo de vencimento ou a moratória[106] [107].

Confrontando a norma do art. 217.º, n.º 4, com a sua predecessora [do art. 63.º do Código dos Processos Especiais de Recuperação da Empresa e de Falência (CPEREF)][108], é possível dizer-se que hoje se concede *alguma* tutela aos interesses dos credores. Quer dizer: esta tutela não é irrestrita; é excepcional e limitada aos casos de extinção do crédito e de redução do seu montante. O que bem se compreende. Estas são as duas únicas situações em que, no caso contrário (isto é, no silêncio da lei), o credor perderia, de uma penada, os dois patrimónios responsáveis pela obrigação, ficando-lhe vedada, total (na hipótese de extinção) ou parcialmente (na hipótese de redução), a possibilidade de realizar o seu direito, seja às custas do património do devedor seja às custas do património do condevedor ou garante.

Resultam, portanto, da norma do art. 217.º, n.º 4, duas consequências de relevo. Primeiro, certas modificações (a extinção e a redução do montante do crédito) não produzem efeitos em relação ao garante, mas, *a silentio*, todas as restantes (que não afectem a sua existência nem o seu montante) se estendem

---

[106] Inclina-se também no sentido da interpretação (restritiva) propugnada para o art. 217.º, n.º 4, "[r]econhecendo, embora, a delicadeza da questão [e] não sem dúvidas" MANUEL JANUÁRIO DA COSTA GOMES ["Sobre os poderes dos credores contra os fiadores no âmbito de aplicação do CIRE. Breves notas", cit., p. 332].

[107] NUNO SALAZAR CASANOVA e DAVID SEQUEIRA DINIS (*O processo especial de revitalização – Comentários aos artigos 17.º-A a 17.º-I do Código da Insolvência e da Recuperação de Empresas*, cit., p. 62) fazem um raciocínio diferente do exposto, dizendo que, por identidade de razão, é inoponível ao garante (fiador) o plano de pagamentos ou a moratória estabelecidos no plano.

[108] A norma determinava que «[a]s providências de recuperação (...) não afecta[va]m a existência nem o montante dos direitos dos credores contra os co-obrigados ou os terceiros garantes da obrigação, salvo se os titulares dos créditos tive[ss]em aceitado ou aprovado as providências tomadas e, neste caso, na medida da extinção ou modificação dos respectivos créditos». O preceito tinha um claro inconveniente: perdendo em geral a faculdade de actuar contra os co--obrigados e terceiros garantes, os credores tinham maior relutância em apoiar as medidas de recuperação. Criticavam-no, por isso, LUÍS CARVALHO FERNANDES e JOÃO LABAREDA (*Código dos Processos Especiais de Recuperação da Empresa e de Falência Anotado*, Lisboa, Quid Juris, 1999, p. 204), sustentando que se deveria "encontrar outras alternativas que, protegendo, na medida do possível, os vinculados ao pagamento, pudessem favorecer a viabilização da empresa". Essa tutela equilibrada de interesses terá sido conseguida (tentada) no código seguinte com o disposto no art. 217.º, n.º 4.

a ele. Segundo, e em consonância com isso, existe liberdade para a previsão de cláusulas favoráveis ao garante desde que sejam respeitados os (aqueles) limites impostos pela norma imperativa, isto é, desde que as modificações não visem a existência nem o montante do crédito.

Vendo bem, mesmo na perspectiva dos efeitos práticos, não seria admissível outra solução. A solução contrária equivaleria a consentir num *venire contra factum proprium*. Dificilmente se encontraria um credor garantido genuinamente empenhado na recuperação do devedor. Havendo a possibilidade de satisfazer o seu crédito incondicionalmente às custas do garante, quase de imediato este credor se desinteressaria do PER e se dirigiria contra o património do garante. Isto não obstante o voto dele poder ter sido favorável e até decisivo para a aprovação do plano. Em casos extremos, seria prefigurável que entre os credores afectados pelo plano não estivesse, a final, nenhum dos credores que o houvessem aprovado.

Também não pode proceder o argumento de que, por força da solução adoptada, o credor garantido é colocado numa posição de intolerável ou excessiva onerosidade. A extensão ao garante das modificações que afectam o crédito pressupõe sempre – deve pressupor sempre – um contexto de recuperação, um contexto em que seja previsível que o devedor recuperará, num prazo delimitado e em condições definidas num plano, a capacidade para satisfazer os direitos dos seus credores. Só aí, naturalmente, faria (faz) sentido que se retirasse (retire) à função-garantia – ao "fim de garantia ou de segurança", que se manifesta na "tendencial insensibilidade da responsabilidade [do garante] à sobrevinda impotência económica do devedor"[109] – o valor absoluto que lhe é habitualmente reconhecido.

> – Na jurisprudência, veja-se, em sentido próximo, o Ac. do TRG de 8.01.2015, Proc. 703/14.2TBBRG.G1 (Relatora: ANA CRISTINA DUARTE) e o (já referido) Ac. do TRE de 13.03.2014, Proc. 1327/13.7TBSTR. E1 (Relator: FRANCISCO XAVIER). Em ambos os casos relatados nos acórdãos estava essencialmente em causa a admissibilidade de uma

---

[109] As expressões, aplicadas à fiança, são avançadas por MANUEL JANUÁRIO DA COSTA GOMES ["Sobre os poderes dos credores contra os fiadores no âmbito de aplicação do CIRE. Breves notas", cit., p. 322].

II. QUESTÕES JURISPRUDENCIAIS COM RELEVO DOGMÁTICO

cláusula do plano que estabelecia uma moratória no pagamento da dívida de avalistas. Argumentou-se em ambos os casos que não existia violação do art. 217.º, n.º 4, porquanto esta moratória não afectava a existência nem o montante dos direitos dos credores contra os condevedores ou os terceiros garantes da obrigação, portanto, não punha em causa o cumprimento do art. 217.º, n.º 4.

Com interesse para esta matéria são ainda o Ac. do TRC de 8.03.2016, Proc. 4064/14.1T8VIS.C2 (Relator: FERNANDO MONTEIRO) e o Ac. do TRE de 12.07.2016, Proc. 3066/15.5T8STR.E1 (Relator: MANUEL BARGADO). Propendendo para o entendimento aqui defendido, salienta-se nestes acórdãos que, mesmo que seja outro o entendimento, não deve ser recusada a homologação do plano mas sim, tão-só, concluir-se pela ineficácia do plano relativamente aos credores que sejam titulares de garantias contra terceiros e não tenham homologado o plano.

Evidentemente, deverão ser salvaguardados os casos em que a extensão seja incompatível com a natureza da garantia. Por outras palavras: a extensão depende sempre, em última análise, da garantia em causa. Se há casos em que tudo converge para uma harmonização das posições do devedor e do garante face ao credor outros há em que nada a justificaria.

No que respeita à fiança, é favorável à harmonização a característica da acessoriedade da obrigação do fiador relativamente à obrigação do devedor principal, resultante do art. 627.º, n.º 2, do Código Civil (CC). Nos termos legais, a fiança não é, em regra, válida se não o for a obrigação garantida (cfr. art. 632.º, n.ºs 1 e 2, do CC). Consequentemente, o fiador pode opor ao credor os meios de defesa que competem ao afiançado (cfr. art. 637.º, n.º 1, do CC).

No que respeita ao caso (muito comum) do aval, é também favorável à harmonização o disposto no art. 32.º, I, da Lei Uniforme das Letras e Livranças (LULL), onde se dispõe que o dador de aval é responsável da mesma maneira que a pessoa por ele afiançada[110].

---

[110] Salientando o teor da norma, cfr. A. FERRER CORREIA, *Lições de Direito Comercial*, vol. III – *Letra de câmbio* (com a colaboração dos licenciados Paulo M. Sendim, J. M. Cabral, António A. Caeiro e M. Ângela Coelho), Coimbra, Universidade de Coimbra, 1975, pp. 214-215, PAULO MELERO SENDIM, *Letra de câmbio – L.U. de* Genebra, vol. II – *Obrigações e garantias cambiárias*,

O PROCESSO ESPECIAL DE REVITALIZAÇÃO NA JURISPRUDÊNCIA

Em contrapartida, no caso das garantias autónomas a extensão já não será, em princípio, admissível. A característica da autonomia implica que são inoponíveis pelo garante ao beneficiário da garantia as excepções derivadas tanto da sua relação com o devedor garantido (relação interna), como da relação entre o devedor garantido e o beneficiário (relação principal ou relação-base). A medida da obrigação de pagamento determina-se, assim, exclusivamente em função dos termos do contrato (autónomo) de garantia e não do contrato principal e o pedido de pagamento por parte do beneficiário corta em definitivo a última possibilidade de associar a garantia à relação entre este e o devedor garantido. O garante não pode recusar-se a pagar alegando, por exemplo, que a obrigação garantida é nula por vício substancial ou de forma, que o devedor garantido invocou perante o credor a compensação ou que ao devedor garantido assiste um direito de retenção contra o credor. Em suma, as vicissitudes da relação principal ou relação-base não se repercutem – repete-se – na relação de garantia. E face a isto, seria desrazoável que o garante pudesse beneficiar das modificações sofridas pelo crédito por força do plano de recuperação[111].

7.2. Quais são os efeitos do incumprimento do plano relativamente aos créditos modificados?

Esta não é ainda uma questão marcante na jurisprudência portuguesa. A circunstância dever-se-á apenas à circunstância de o tempo decorrido ser insuficiente para que este tipo de casos tenha já chegado aos tribunais superiores.

- Veja-se, no entanto, o Ac. do TRG de 21.01.2016, Proc. 1963/14.4 TBCL.1.G1 (Relatora: HELENA MELO). Neste discute-se já, de forma expressa, qual o regime aplicável à hipótese de incumprimento do plano de revitalização, propende-se para a aplicação, por analogia, e

Coimbra, Universidade Católica Portuguesa, 1980, p. 743, e ANTÓNIO PEREIRA DE ALMEIDA, *Direito Comercial*, 3.º volume – *Títulos de crédito*, Lisboa, Associação Académica da Faculdade de Direito, 1988, p. 215.

[111] JORGE DUARTE PINHEIRO ("Garantia Bancária Autónoma", in: *Revista da Ordem dos Advogados*, 1992, p. 446) afirma que nem a possibilidade de resolução do contrato-base, nem a não execução do contrato por motivo de força maior nem a impossibilidade originária da prestação principal desconhecida dos sujeitos na altura da celebração do contrato-base são causas de recusa legítima.

II. QUESTÕES JURISPRUDENCIAIS COM RELEVO DOGMÁTICO

com as devidas adaptações, do disposto quanto ao incumprimento do plano de insolvência (cfr. art. 218.º).

Existem, de facto, razões para imaginar que o incumprimento dos acordos de recuperação seja, a breve prazo, uma situação comum, imputável, em muitos casos, à circunstância de o PER ter sido aberto quando não devia (por o devedor estar já, nessa altura, não pré-insolvente mas em situação de insolvência actual).

Mais uma vez, a hipótese não encontra regulação em nenhuma norma da disciplina do PER. A medida de prevenção evidente é a de regular em concreto o incumprimento no plano de recuperação. Mas a verdade é que isso nem sempre sucede, devendo enfrentar-se, então, as várias dúvidas que se põem quanto aos pressupostos e aos efeitos do incumprimento

Desde logo, é duvidoso o momento a partir do qual pode considerar-se que há incumprimento do plano. Será que é preciso que se verifique o incumprimento de todas as obrigações ou bastará o incumprimento de uma ou algumas (e, neste último caso, quais)? Depois, não é seguro o que acontece aos créditos modificados (extintos ou reduzidos no seu montante) e aos condicionamentos do reembolso, às moratórias e às calendarizações de pagamento acordadas no plano.

Na ausência de disposições próprias e sendo necessário encontrar um regime aplicável, prefiguram-se, de imediato, duas possibilidades de recurso à analogia. Uma é através da norma do CIRE que regula o incumprimento do plano de insolvência (cfr. art. 218.º). Outra é a norma que regula o incumprimento do acordo obtido no âmbito do SIREVE (cfr. art. 14.º do DL n.º 178/2012, de 3 de Agosto).

Comece-se pela apreciação do disposto no art. 218.º, n.º 1, cuja epígrafe é "[i]ncumprimento". O preceito já foi analisado a propósito do incumprimento do plano de recuperação no âmbito do processo de insolvência, pelo que se remete para a leitura desse ponto. Como se disse, então, ele é aplicável ainda, por remissão do art. 260.º, ao plano de pagamentos[112].

---

[112] Exclui-se, evidentemente, desta apreciação a norma constante do n.º 2 pois esta pressupõe a prolação da sentença de graduação e verificação de créditos, que, como se sabe, não existe no PER.

Por força dele, dá-se, em certos termos, uma repristinação dos créditos originais. A moratória e o perdão ficam sem efeito quanto aos créditos relativamente aos quais o devedor se constitui em mora, se a prestação, acrescida dos juros moratórios, não for cumprida no prazo de quinze dias a contar da interpelação escrita do credor e quanto a todos os créditos, quando o devedor é declarado insolvente em novo processo.

Com um alcance diverso, denunciado pela respectiva epígrafe ("[r]esolução e extinção do acordo"), a norma do art. 14.º, n.º 1, do DL n.º 178/2012, de 3 de Agosto, determina que o incumprimento definitivo pela empresa das obrigações assumidas no acordo obtido no âmbito do SIREVE, ou o seu incumprimento no prazo de trinta dias a contar da notificação para o cumprimento, confere aos credores subscritores o direito de resolução individual do acordo. De acordo com o n.º 2, se surgirem novas dívidas à Fazenda Pública ou à Segurança Social e estas não forem regularizadas no prazo de noventa dias a contar da data de vencimento, o acordo cessa relativamente a estas entidades. De acordo com o n.º 3, na redacção que lhe foi dada pela Lei n.º 6/2015, de 5 de Fevereiro, a decisão de resolução ou de cessação do acordo tomada pelos credores é de imediato comunicada por escrito ao IAPMEI, para que este dê conhecimento aos restantes subscritores e informe o tribunal onde estejam pendentes as acções contra a empresa ou respectivos garantes.

Trata-se, ao que tudo indica, de duas situações distintas: a resolução e a cessação ou extinção do acordo. A resolução é o meio normal para fazer com que o acordo deixe de produzir efeitos, remetendo a norma directamente para o regime geral da resolução. No caso dos credores públicos, verificadas certas condições, pode produzir-se uma cessação ou extinção automática do acordo.

A norma remete, implicitamente, para o regime geral da resolução (cfr. arts. 432.º e s. e arts. 801.º, n.º 2, 802.º e 808.º do CC), acrescentando-lhe algumas especialidades para efeitos da generalidade dos credores, nomeadamente ao nível da caracterização do incumprimento relevante e do procedimento a adoptar. Note-se, de qualquer modo, que, para os efeitos da norma, parece relevar tanto o incumprimento generalizado das obrigações previstas no plano como o incumprimento de uma única obrigação.

Apreciada esta última disciplina, não se vê grande possibilidade de uma sua aplicação ao PER. Para começar, no PER não existe uma entidade semelhante ao IAPMEI, que seja signatária do acordo (cfr. art. 12.º, n.º 1, do DL n.º 178/2012, de 3 de Agosto) e continue presente para lá de certa fase do processo, com o poder de acompanhar e de fiscalizar a execução do acordo. E mesmo que não se valorize estas diferenças e não se considere improcedente a analogia, o número de adaptações a fazer seria de tal modo elevado que, a final, já não estaria em causa a aplicação da norma original mas a criação de uma nova norma.

Em contrapartida, a norma do art. 218.º, n.º 1, parece ajustar-se bem a uma aplicação analógica. Vendo bem, isto nem é surpreendente. Primeiro, entre o plano de insolvência e o PER existem, como se disse, flagrantes afinidades, o que faz com que exista uma predisposição natural das disposições que regulam o primeiro para a aplicação analógica ao segundo. Depois, em particular no que respeita à norma do art. 218.º, ela está em plena harmonia com a natureza e os fins do PER[113]. Finalmente, ela contém a solução adequada à realização dos interesses em presença, ou seja, parafraseando o legislador no art. 10.º, n.º 2, do CC, "no caso omisso proced[e]m as razões justificativas da regulamentação do caso previsto na lei". A solução mais adequada será, em síntese, a aplicação analógica do art. 218.º, n.º 1, ao PER[114].

- Na jurisprudência, veja-se, neste sentido, como se disse atrás, o (já referido) Ac. do TRG de 21.01.2016, Proc. 1963/14.4TBCL.1.G1 (Relatora: Helena Melo).

Não ficam, porém, ainda resolvidas todas as dúvidas. Fica por saber, por exemplo, o que acontece às modificações que não sejam susceptíveis de recondução à moratória e ao perdão. A solução mais razoável é que fiquem igualmente sem efeito. Mas para isso já será preciso que os credores adoptem

---

[113] Não pode aceitar-se que, como é sugerido por alguns, entre os fins do PER esteja a defesa dos interesses do devedor com desconsideração dos (ou contra os) interesses dos credores (cfr., por exemplo, Bertha Parente Esteves, "Da aplicação das normas relativas ao plano de insolvência ao plano de recuperação conducente à revitalização", cit., pp. 277-278). Os fins do PER, como de qualquer instrumento de recuperação, são a recuperação do devedor por meio de uma tutela ponderada dos interesses de todos os sujeitos envolvidos.

[114] Cfr., no mesmo sentido, Nuno Ferreira Lousa, "O incumprimento do plano de recuperação e os direitos dos credores", in: Catarina Serra (coord.), *I Colóquio do Direito da Insolvência de Santo Tirso*, Coimbra, Almedina, 2014, pp. 136-138.

um comportamento activo e exerçam o seu direito de resolução nos termos dos arts. 433.º e 434.º do CC. Como se viu, e nos termos em que se viu a propósito do plano de insolvência, a norma do art. 218.º é uma norma especial, tornando-se necessário o recurso ao regime geral do incumprimento e ao regime geral da resolução.

A aplicabilidade do regime geral dá origem, por sua vez, a outras questões, nomeadamente uma questão associada à pergunta feita de início, sobre a caracterização do incumprimento relevante para os efeitos da norma. Será que o incumprimento das obrigações que respeitem a um credor constitui fundamento para o exercício da resolução do acordo também por parte dos outros credores?

Todos os elementos apontam para uma resposta afirmativa. Estando o contrato subordinado a um fim comum (a recuperação), existe uma relação de interdependência entre as obrigações do devedor perante cada um dos credores. Se o incumprimento afectar obrigações essenciais à realização daquele fim, de tal modo que possa dizer-se que o cumprimento do plano está comprometido, então o incumprimento deve poder constituir fundamento da resolução por parte de qualquer dos credores. Acima de tudo, esta é uma consequência directa do princípio da universalidade, aplicável ao PER enquanto processo de recuperação. Reencontra-se a ideia de que se o plano deve afectar *todos* os credores de forma a viabilizar a recuperação, os efeitos do plano devem, logicamente, cessar para *todos* os credores sempre que a recuperação se revele inviável.

A aplicabilidade do regime geral suscita ainda uma questão relativa aos credores que não são subscritores do plano mas que são afectados nos termos do art. 17.º-F, n.º 6. Terão eles, do mesmo modo, a faculdade de exercer um direito de resolução?

Em regra, quem não subscreve um acordo não pode ser admitido a resolvê-lo. Mas a verdade é que estes sujeitos não podem ficar incondicionalmente vinculados. Isto significaria colocá-los no "pior de dois mundos": estariam sujeitos ao acordo porque outros credores o aceitaram e permaneceriam sujeitos ao acordo apesar de, a dada altura, os mesmos credores o rejeitarem.

Poderia formular-se a regra de que quando todos os subscritores resolvam o acordo a ineficácia deste aproveita a todos. Mas ficaria sempre por saber se isso também aconteceria nos casos menos flagrantes. Obrigaria a uma (indesejável)

II. QUESTÕES JURISPRUDENCIAIS COM RELEVO DOGMÁTICO

quantificação, ou seja, obrigaria a determinar quantos credores teriam de resolver o acordo para que a ineficácia pudesse estender-se.

Tudo considerado, parece razoável entender que a homologação judicial do plano envolve uma expressão substitutiva da vontade dos credores não subscritores e, assim sendo, estes últimos são partes, assistindo-lhes, portanto, o direito de resolver o acordo.

No respeita à caracterização do incumprimento relevante, é possível assentar em três ideias centrais.

Primeiro, considerando o disposto tanto no regime geral do incumprimento como nos regimes especiais referidos, deverão ser concedidas ao devedor duas oportunidades para cumprir. Nesta conformidade, haverá incumprimento relevante quando a prestação relativamente à qual o devedor se constitui em mora não for cumprida dentro de um prazo razoável a contar da interpelação escrita do credor (no prazo de quinze dias, admitindo-se a aplicação analógica do art. 218.º, n.º 1).

Segundo, atendendo, em particular, ao disposto no regime especial do art. 218.º, n.º 1, configurar-se-á uma situação típica de incumprimento quando o devedor falte ao cumprimento de uma ou mais obrigações decorrentes do plano que sejam essenciais para a realização dos fins deste e ainda quando ele seja judicialmente declarado impossibilitado de cumprir / insolvente.

Terceiro, o direito de resolução deve poder ser exercido sempre que haja incumprimento nos termos acima referidos e ainda quando a execução do plano se torne justificadamente insustentável (inexigível) para o credor. A recusa antecipada de cumprimento pelo devedor ou a ocorrência de atrasos sistemáticos no cumprimento das obrigações decorrentes do plano são duas das situações mais paradigmáticas.

A terminar, deve perguntar-se sobre o significado do incumprimento do plano de recuperação obtido em PER para os efeitos do art. 20.º, n.º 1, al. *f)* (se ele pode ou não constituir fundamento para um pedido de declaração de insolvência do devedor).

Como se viu, na norma do art. 20.º, n.º 1, estabelece-se um conjunto de factos-índice da insolvência. Estes funcionam como pressupostos para a prossecução do processo de insolvência requerido pelos credores, pelos responsáveis legais pelas dívidas do devedor e pelo Ministério Público. Entre eles está, na al. *f)*, o incumprimento de obrigações previstas em plano de insolvência ou em plano de pagamentos nas condições referidas na al. *a)* do n.º 1 e no n.º 2 do art. 218.º. Poderá o regime estender-se, por analogia, ao incumprimento de obrigações previstas em plano de recuperação obtido em PER?

Salta aos olhos uma diferença fundamental entre os dois grupos de situações, impeditiva da aplicação analógica do art. 20.º, n.º 1, al. *f)*, ao PER: nos casos de plano de insolvência e de plano de pagamentos o devedor foi antes declarado insolvente enquanto no caso do PER tal não sucedeu. É razoável presumir, no primeiro grupo de casos, que, tendo fracassado a única via que lhe permitia superar a sua insolvência, o devedor permanece insolvente (e insolvente até de forma mais intensa do que antes, uma vez que ficou demonstrada a insusceptibilidade de recuperação). Seria desrazoável presumir tal coisa no caso de incumprimento do plano obtido em PER.

– Na jurisprudência, veja-se, atingindo o mesmo resultado, o (já referido) Ac. do TRG de 21.06.2016, Proc. 1963/14.4TBCL.1.G1 (Relatora: Helena Melo). Aí se diz, sem mais desenvolvimentos, que "o facto de se considerar aplicável com as necessárias adaptações o regime do artº 218º, não significa que se entenda aplicável por analogia o disposto na referida alínea f) do nº 1 do artº 20º".

No respeita à caracterização do incumprimento relevante, por fim, parece possível assentar em três ideias centrais.

Em primeiro lugar, considerando o disposto tanto no regime geral do incumprimento como nos regimes especiais referidos, deverão ser concedidas ao devedor duas oportunidades para cumprir. Nesta conformidade, haverá incumprimento relevante quando a prestação relativamente à qual o devedor se constitui em mora não for cumprida dentro de um prazo razoável a contar da interpelação escrita do credor (no prazo de quinze dias, admitindo-se a aplicação analógica do art. 218.º, n.º 1).

Em segundo lugar, atendendo, em particular, ao disposto no regime especial do art. 218.º, n.º 1, configurar-se-á uma situação típica de incumprimento quando o devedor falte ao cumprimento de uma ou mais obrigações decorrentes do plano que sejam essenciais para a realização dos fins deste e ainda quando ele seja judicialmente declarado impossibilitado de cumprir / insolvente.

II. QUESTÕES JURISPRUDENCIAIS COM RELEVO DOGMÁTICO

Em terceiro e último lugar, o direito de resolução deve poder ser exercido sempre que haja incumprimento nos termos acima referidos e ainda quando a execução do plano se torne justificadamente insustentável (inexigível) para o credor. A recusa antecipada de cumprimento pelo devedor ou a ocorrência de atrasos sistemáticos no cumprimento das obrigações decorrentes do plano são duas das situações mais paradigmáticas.

REFERÊNCIAS BIBLIOGRÁFICAS[115]

AA.VV.,
- *Código da Insolvência e da Recuperação de Empresas Anotado*, PLMJ – Sociedade de Advogados, Coimbra, Coimbra Editora, 2012.
- *Código da Insolvência e da Recuperação de Empresas Anotado*, Raposo Subtil e Associados – Sociedade de Advogados, Lisboa, Vida Económica, 2013 (3.ª edição).

ABRANTES, JOSÉ JOÃO,
- "O Fundo de Garantia Salarial nos processos de insolvência e de revitalização", in: CATARINA SERRA (coord.), *III Congresso de Direito da Insolvência*, Coimbra, Almedina, 2015, pp. 409 e s.

ALEXANDRE, ISABEL,
- "Efeitos processuais da abertura do processo de revitalização", in: CATARINA SERRA (coord.), *II Congresso de Direito da Insolvência*, Coimbra, Almedina, 2014, pp. 235 e s.

ARSÉNIO, MANUEL SILVA,
- "Recuperação de empresas por via judicial e extrajudicial", in: *Revista de Direito da Insolvência*, 2016, n.º 0, pp. 169 e s.

CALVETE, JORGE,
- "O papel do administrador judicial provisório no Processo Especial de Revitalização", in: CATARINA SERRA (coord.), *I Colóquio do Direito da Insolvência de Santo Tirso*, Coimbra, Almedina, 2014, pp. 59 e s.

---

[115] Indicam-se aqui todas as obras de autores portugueses (obras gerais, monografias, artigos, legislação anotada e outros textos) que versam directamente sobre a matéria do processo especial de revitalização ou têm uma relevância directa para o seu estudo. Deixa-se, assim, de fora as obras com pertinência meramente reflexa ou incidental (referidas, não obstante, no texto sempre que se justificou).

CAMPOS, ISABEL MENÉRES,
– "A posição dos garantes no âmbito de um plano especial de revitalização – Anotação ao Ac. do TRG de 5.12.2013, Proc. 2088/12", in: *Cadernos de Direito Privado*, 2014, 46, pp. 57 e s.

CARDOSO, SORAIA FILIPA PEREIRA,
– *Processo Especial de Revitalização – O Efeito de Standstill*, Coimbra, Almedina, 2016.

CASANOVA, NUNO SALAZAR / DINIS, DAVID SEQUEIRA,
– *O processo especial de revitalização – Comentários aos artigos 17.º-a a 17.º-I do Código da Insolvência e da Recuperação de Empresas*, Coimbra, Coimbra Editora, 2014.

CORDEIRO, ANTÓNIO MENEZES,
– "O princípio da boa fé e o dever de renegociação em contextos de 'situação económica difícil'", in: CATARINA SERRA (coord.), *II Congresso de Direito da Insolvência*, Coimbra, Almedina, 2014, pp. 11 e s.

COSTA, ANA RIBEIRO,
– "Os créditos laborais no processo especial de revitalização", in: *Atas do VI Congresso Internacional de Ciências Jurídico-Empresariais – A insolvência e as Empresas*, Instituto Politécnico de Leiria, Escola Superior de Tecnologia e Gestão, 2015, pp. 66 e s. (disponível em http://cicje.ipleiria.pt/pt/atas/).

COSTA, REINALDO MÂNCIO DA,
– "Os requisitos do plano de recuperação", in: CATARINA SERRA (coord.), *III Congresso de Direito da Insolvência*, Coimbra, Almedina, 2015, pp. 229 e s.

CUNHA, PAULO OLAVO,
– "Os deveres dos gestores e dos sócios no contexto da revitalização de sociedades", in: CATARINA SERRA (coord.), *II Congresso de Direito da Insolvência*, Coimbra, Almedina, 2014, pp. 207 e s.
– "A recuperação de sociedades no contexto do PER e da insolvência: âmbito e especificidades resultantes da situação de crise da empresa", in: *Revista de Direito da Insolvência*, 2016, n.º 0, pp. 99 e s.

CRUZ, NUNO GUNDAR DA,
– *Processo Especial de Revitalização – Estudo sobre os poderes do juiz*, Petrony, 2016.

DIAS, SARA LUÍS,
– "A afectação do credito tributário no plano de recuperação da empresa insolvente e no plano especial de revitalização", in: *Revista de Direito da Insolvência*, 2016, ano 0, pp. 243 e s.

DOMINGUES, PAULO DE TARSO,
– "O CIRE e a recuperação das sociedades comerciais em crise", in: *Instituto do Conhecimento AB – Colecção Estudos*, 2013, n.º 1, pp. 31 e s.
– "O processo especial de revitalização aplicado às sociedades comerciais", in: CATARINA SERRA (coord.), *I Colóquio do Direito da Insolvência de Santo Tirso*, Coimbra, Almedina, 2014, pp. 13 e s.

REFERÊNCIAS BIBLIOGRÁFICAS

Duarte, Filipe Pereira,
- "Como viciar um PER – A importância da decisão judicial sobre as impugnações de créditos", in: *Ab Instantia – Revista do Instituto do conhecimento*, 2014, n.º 4, pp. 2171 e s.

Epifânio, Maria do Rosário,
- "O processo especial de revitalização", in: *I Congresso – Direito das Sociedades em Revista*, Coimbra, Almedina, 2012, pp. 257 e s.
- *Manual de Direito da Insolvência*, Coimbra, Almedina, 2014 (6.ª edição).
- *O Processo Especial de Revitalização*, Coimbra, Almedina, 2015.

Esteves, Bertha Parente,
- "Da aplicação das normas relativas ao plano de insolvência ao plano de recuperação conducente à Revitalização", in: Catarina Serra (coord.), *II Congresso de Direito da Insolvência*, Coimbra, Almedina, 2014, pp. 267 e s.

Fernandes, Luís A. Carvalho / Labareda, João,
- *Código da Insolvência e da Recuperação de Empresas anotado. Sistema de Recuperação de Empresas por Via Extrajudicial (SIREVE) Anotado. Legislação Complementar*, Lisboa, Quid Juris, 2015 (3.ª edição).

Ferreira, Bruno,
- "Recuperação de empresas viáveis em dificuldades: prevenção e preservação de valor", in: *Revista de Direito das Sociedades*, 2011, n.º 2, pp. 395 e s.
- "Mecanismos de alerta e prevenção da crise do devedor: em especial a recuperação extrajudicial", in: *I Congresso – Direito das Sociedades em Revista*, Coimbra, Almedina, 2012, pp. 243 e s.

Gomes, Manuel Januário da Costa,
- "Sobre os poderes dos credores contra os fiadores no âmbito de aplicação do CIRE. Breves notas", in: Catarina Serra (coord.), *III Congresso de Direito da Insolvência*, Coimbra, Almedina, 2015, pp. 313 e s.

Gonçalves, Filipa,
- "O processo especial de revitalização", in: Maria do Rosário Epifânio (coord.), *Estudos de Direito da Insolvência*, Coimbra, Almedina, 2015, pp. 51 e s.

Labareda, João,
- "Sobre o Sistema de Recuperação de Empresas por Via Extrajudicial (SIREVE)", in: Catarina Serra (coord.), *I Congresso de Direito da Insolvência*, Coimbra, Almedina, 2013, pp. 63 e s.

Leitão, Luís Teles de Menezes,
- *Código da Insolvência e da Recuperação de Empresas Anotado*, Coimbra, Almedina, 2015 (8.ª edição).
- *Direito da Insolvência*, Coimbra, Almedina, 2015 (6.ª edição).
- "A responsabilidade pela abertura indevida de processo especial de revitalização", in: Catarina Serra (coord.), *II Congresso de Direito da Insolvência*, Coimbra, Almedina, 2014, pp. 143 e s.

Lousa, Nuno Ferreira,
- "O incumprimento do plano de recuperação e os direitos dos credores", in: Catarina Serra (coord.), *I Colóquio do Direito da Insolvência de Santo Tirso*, Coimbra, Almedina, 2014, pp. 119 e s.
- "Os créditos garantidos e a posição dos garantes nos processos recuperatórios de empresas", in: *Revista de Direito da Insolvência*, 2016, n.º 0, pp. 147 e s.

Machado, José Gonçalves,
- *O dever de renegociar no âmbito pré-insolvencial – Estudo comparativo sobre os principais mecanismos de recuperação de empresas*, Coimbra, Almedina, 2016.

Madaleno, Cláudia,
- "Notas sobre as alterações ao Código da Insolvência e da Recuperação de Empresas. Em especial, a opção pela recuperação do devedor", in: Adelaide Menezes Leitão (coord.), *Estudos do Instituto do Direito do Consumo*, Coimbra, Almedina, 2014, pp. 217 e s.
- "Insolvência, processo especial de revitalização e reclamação de créditos laborais", in: *Instituto do Conhecimento AB – Colecção Estudos*, 2015, n.º 4, pp. 191 e s.

Martins, Alexandre de Soveral,
- *Um Curso de Direito da Insolvência*, Coimbra, Almedina, 2016 (2.ª edição).
- "Repercussões que os Memorandos da Troika terão no Código da Insolvência", in: *O Memorando da "Troika" e as Empresas*, Colóquios, n.º 5, IDET, Coimbra, Almedina, 2012.
- "Alterações recentes ao Código da Insolvência e da Recuperação de Empresas", 2012 (disponível em http://hdl.handle.net/10316/20699).
- "O P.E.R. (Processo Especial de Revitalização)", in: *Revista do Instituto do conhecimento Ab Instantia*, 2013, n.º 1, pp. 17 e s.
- "Articulação entre o PER e o processo de insolvência", in: *Revista de Direito da Insolvência*, 2016, n.º 0, pp. 121 e s.

Martins, Luís M.,
- *Código da Insolvência e da Recuperação de Empresas*, Coimbra, Almedina, 2015 (5.ª edição).

Oliveira, Artur Dionísio,
- "Os efeitos processuais do PER e os créditos litigiosos", in: Catarina Serra (coord.), *III Congresso de Direito da Insolvência*, Coimbra, Almedina, 2015, pp. 199 e s.

Oliveira, Nuno Manuel Pinto,
- "Entre o Código da Insolvência e os 'Princípios Orientadores': um dever de (re)negociação?", in: *Revista da Ordem dos Advogados*, 2012, n.ºs 3 e 4, pp. 677 e s.
- "Responsabilidade pela perda de uma chance de revitalização?", in: Catarina Serra (coord.), *II Congresso de Direito da Insolvência*, Coimbra, Almedina, 2014, pp. 153 e s.

Peralta, Ana Maria,
- "Os 'novos créditos' no PER e no SIREVE: conceito e regime", in: Catarina Serra (coord.), *III Congresso de Direito da Insolvência*, Coimbra, Almedina, 2015, pp. 279 e s.

Pereira, João Aveiro,
- "A revitalização económica dos devedores", in: *O Direito*, 2013, I/II, pp. 9 e s.

REFERÊNCIAS BIBLIOGRÁFICAS

Perestrelo, Madalena,
– "O Processo Especial de Revitalização: o novo CIRE", in: *Revista de Direito das Sociedades,* 2012, n.º 3, pp. 707 e s.
– *Limites da Autonomia dos Credores na Recuperação da Empresa Insolvente,* Coimbra, Almedina, 2013.

Rebelo, Amélia Sofia,
– "A aprovação e a homologação do plano de recuperação", in: Catarina Serra (coord.), *I Colóquio do Direito da Insolvência de Santo Tirso,* Coimbra, Almedina, 2014, pp. 59 e s.

Ribeiro, Ana Raquel / Delicado, Gonçalo,
– "Posição dos avalistas em Processo Especial de Revitalização", in: *Ab Instantia – Revista do Instituto do conhecimento,* 2013, n.º 2, pp. 273 e s.

Rodrigues, Raquel Pinheiro,
– "Crise e reestruturação empresarial – as respostas do Direito das sociedades comerciais", in: *Revista de Direito das Sociedades,* 2011, n.º 1, pp. 221 e s.

Serra, Catarina,
– *O regime português da insolvência,* Coimbra, Almedina, 2012 (5.ª edição).
– "Emendas à (lei da insolvência) portuguesa – Primeiras impressões", in: *Direito das Sociedades em Revista,* 2012, n.º 7, pp. 97 e s.
– "Sobre a projectada reforma da lei da insolvência", in: AAVV., *I Jornadas de Direito Processual Civil "Olhares Transmontanos",* Valpaços, Câmara Municipal de Valpaços, 2012, pp. 193 e s.
– "A contratualização da insolvência: *hybrid procedures* e *pre-packs* (A insolvência entre a lei e a autonomia privada)", in: *II Congresso – Direito das Sociedades em Revista,* Coimbra, Almedina, 2012, pp. 265 e s.
– "Portugal: New Portuguese Insolvency Act", in: *EuroFenix – The Journal of INSOL Europe,* 47, 2012, p. 40.
– "Processo especial de revitalização – contributos para uma 'rectificação'", in: *Revista da Ordem dos Advogados,* 2012, II/III, pp. 715 e s.
– "Revitalização – A designação e o misterioso objecto designado. O processo homónimo (PER) e as suas ligações com a insolvência (situação e processo) e com o SIREVE", in: Catarina Serra (coord.), *I Congresso de Direito da Insolvência,* Coimbra, Almedina, 2013, pp. 85 e s.
– "The Rescue of Large Corporations – How Suitable is the Portuguese Insolvency Act?", in: Rebecca Parry (Ed.), *Papers from the INSOL Europe Academic Forum / Nottingham Law School Joint International Insolvency Conference, Nottingham Trent University, Nottingham, United Kingdom, 28 & 29 June 2012,* 2013, pp. 97 e s.
– "Amendments to the Portuguese Insolvency Act – Much ado about nothing?", in: *EuroFenix – The Journal of INSOL Europe,* 2012, 49, pp. 14 e s.
– "Enmiendas a la ley concursal portuguesa: mucho ruido y pocas nueces", in: *Anuario de Derecho Concursal,* 2013, 28, pp. 293 e s.

O PROCESSO ESPECIAL DE REVITALIZAÇÃO NA JURISPRUDÊNCIA

- "Entre o princípio e os princípios da recuperação de empresas (um *work in progress*)", in: Catarina Serra (coord.), *II Congresso de Direito da Insolvência*, Coimbra, Almedina, 2014, pp. 69 e s.
- "Para um novo entendimento dos créditos laborais na insolvência e na pré-insolvência da empresa – Um contributo feito de velhas e novas questões", in: *Vinte Anos de Questões Laborais*, 42 (número especial), Coimbra, Coimbra Editora, 2014, pp. 187 e s.
- "La recuperación negociada de empresas bajo la ley portuguesa. Para una lectura sistemática de los acuerdos de recuperación o restructuración de empresas", in: Antonio García-Cruces (Director), *Las Soluciones Negociadas como Respuesta a la Insolvencia Empresarial – Reformas en el Derecho Comparado y Crisis Económica*, Cizur Menor (Navarra), Thomson-Reuters Aranzadi, 2014, pp. 297 e s.
- "Grupos de sociedades: crise e revitalização", in: Catarina Serra (coord.), *I Colóquio de Direito da Insolvência – Santo Tirso*, Coimbra, Almedina, 2014, pp. 35 e s.
- "Revitalização no âmbito de grupos de sociedades", in: *III Congresso – Direito das Sociedades em Revista*, Coimbra, Almedina, 2014, pp. 467 e s.
- "Tópicos para uma discussão sobre o processo especial de revitalização (com ilustrações jurisprudenciais)", in: *Ab Instantia – Revista do Instituto do Conhecimento AB*, 2014, n.º 3, pp. 53 e s.
- "Mais umas "pinceladas" na legislação pré-insolvencial – Uma avaliação geral das alterações do DL n.º 26/2015, de 6 de Fevereiro, ao PER e ao SIREVE (e à luz do Direito da União Europeia)", in: *Direito das Sociedades em revista*, 2015, 13, pp. 43 e s.
- "The recent amendments to the Portuguese pre-insolvency framework in the light of the European Commission's Recommendation on a new approach to business failure and insolvency", in: *EuroFenix – The Journal of INSOL Europe*, 2015, 59, p. 43.
- "¿Qué hay de nuevo en la legislación pre-insolvencial portuguesa? – Una evaluación de la enmienda reciente (también a la luz de la legislación de la Unión Europea)", in: *Anuario de Derecho Concursal*, 2015, 36, pp. 271 e s.
- "Direito da insolvência e tutela efectiva do crédito – O imperativo regresso às origens (aos fins) do Direito da insolvência", in: Catarina Serra (coord.), *III Congresso de Direito da Insolvência*, Coimbra, Almedina, 2015, pp. 11 e s.
- "*A proposito di guardiani davanti alla legge – Il professionista certificatore (o la sua assenza) nella procedura di rivitalizzazione del Diritto portoghese*", in: *Studi Senesi*, CXXVIII (III Serie, LXV), Fascicolo 1-2, Università degli Studi di Siena, Dipartimento di Giurisprudenza, 2016, pp. 199 e s..
- "O processo especial de revitalização – Balanço das alterações introduzidas em 2012 e 2015", in: *Actas da Conferência "Acção Executiva e Insolvência: as Reformas em Discussão"*, Centro de Investigação em Estudos Jurídicos do Instituto Politécnico de Leiria, 2016, pp. 51 e s. (disponível em https://iconline.ipleiria.pt/handle/10400.8/2222).
- "Investimentos de capital de risco na reestruturação de empresas", in: *IV Congresso – Direito das Sociedades em Revista*, Coimbra, Almedina, 2016, pp. 321 e s.

REFERÊNCIAS BIBLIOGRÁFICAS

SILVA, FÁTIMA REIS,
– "A verificação de créditos no processo de revitalização", in: CATARINA SERRA (coord.), *II Congresso de Direito da Insolvência*, Coimbra, Almedina, 2014, pp. 255 e s.
– "Processo Especial de Revitalização – Notas práticas e jurisprudência", Porto, Porto Editora, 2014.
– "Paralelismos e diferenças entre o PER e o processo de insolvência – o plano de recuperação", in: *Revista de Direito da Insolvência*, 2016, n.º 0, pp. 135 e s.
– "Efeitos processuais da declaração de insolvência, em especial na ação executiva: e alguns efeitos da pendência e vicissitudes do processo especial de revitalização", in: *Actas da Conferência "Acção Executiva e Insolvência: as Reformas em Discussão"*, Centro de Investigação em Estudos Jurídicos do Instituto Politécnico de Leiria, 2016, pp. 64 e s. (disponível em https://iconline.ipleiria.pt/handle/10400.8/2222).

SILVA, RUI DIAS DA,
– *O processo especial de revitalização*, Lisboa, Edições Esgotadas, 2012.

SOARES, RITA MOTA,
– "As consequências da não aprovação do plano de recuperação", in: CATARINA SERRA (coord.), *I Colóquio de Direito da Insolvência – Santo Tirso*, Coimbra, Almedina, 2014, pp. 91 e s.

TAÍNHAS, FERNANDO,
- "Pode uma pessoa singular que não seja empresário ou comerciante submeter-se a processo especial de revitalização? – Sobrevoando uma controvérsia jurisprudencial", in: *Julgar online*, Dezembro de 2015, pp. 1 e s.

VIEIRA, NUNO DA COSTA SILVA,
– *Insolvência e processo de revitalização*, Coimbra, Almedina, 2012.

ÍNDICE

Nota à 1ª Edição   7

Nota à 2ª Edição.   9

Principais abreviaturas utilizadas   11

I. Qualificação jurídica e caracterização processual
do processo especial de revitalização   13
  1. O processo especial de revitalização como processo híbrido
  (breve enquadramento)   14
    1.1. Os *contractual workouts*.   14
  2. O processo especial de revitalização como processo de recuperação.
  Os princípios da recuperação de empresas.   15
    2.1. O princípio do primado da recuperação.   15
    2.2. O princípio da recuperabilidade   16
    2.3. O princípio da universalidade.   16
  3. O processo especial de revitalização como processo especial   17
  4. O processo especial de revitalização como processo adequado.   18
  5. Implicações da qualificação do processo especial de revitalização
  na definição da disciplina aplicável. Aplicação analógica
  e direito subsidiário   23
  6. As características processuais (formais) do processo especial
  de revitalização   30
    6.1. Voluntariedade.   30
    6.2. Informalidade   31
    6.3. Consensualidade   31
    6.4. Estabilidade   32

O PROCESSO ESPECIAL DE REVITALIZAÇÃO NA JURISPRUDÊNCIA

6.5. Transparência 32
6.6. Contraditório 33
6.7. Celeridade 33

II. Questões jurisprudenciais com relevo dogmático 35
  1. A propósito do despacho "de abertura" (rectius: de nomeação
    do administrador judicial provisório) 35
    1.1. É admissível o PER de pessoas singulares? 35
    1.2. É admissível a coligação de devedores? 42
    1.3. É admissível o "indeferimento liminar" do "pedido"?. 47
    1.4. Quais são as acções abrangidas pelo efeito impeditivo / suspensivo
       do despacho (e, consequentemente, pelo efeito extintivo
       da homologação do plano de recuperação)? 52
  2. A propósito da reclamação, da impugnação e da verificação de créditos . . 68
    2.1. Que créditos deve o administrador judicial provisório incluir
       na lista provisória? 68
    2.2. Qual é o valor da lista definitiva de créditos? 71
    2.3. Qual é o alcance da verificação de créditos? 74
  3. A propósito da fase de negociações 78
    3.1. Que credores podem participar nas negociações? 78
    3.2. Qual a diferença entre a desistência das negociações
       e a desistência do pedido ou da instância? 79
  4. A propósito da votação do plano de recuperação 85
  5. A propósito da não aprovação do plano de recuperação 94
    5.1. Qual são os efeitos do parecer do administrador judicial provisório
       quando ele se pronuncia no sentido da insolvência do devedor? 94
    5.2. O que acontece, nestes casos, ao processo de insolvência suspenso? . . 99
    5.3. Estão as pessoas singulares impedidas de apresentar um plano
       de pagamentos em processo de insolvência subsequente? 100
  6. A propósito da homologação do plano de recuperação 102
    6.1. Deve ser homologado plano que modifique os créditos tributários? . . 102
    6.2. Quais são os efeitos da não homologação do plano? 111
  7. A propósito da execução do plano de recuperação 114
    7.1. Quais são os efeitos da homologação do plano relativamente
       aos garantes do devedor? 114
    7.2. Quais são os efeitos do incumprimento do plano relativamente
       aos créditos modificados? 122

Referências Bibliográficas. 131